BYE BYE BOLLYWOOD

Hors-série
Sous la direction de Natalie Beunat

Édition les Incorruptibles
avec l'aimable autorisation des éditions Syros
Dépôt légal : octobre 2018
ISBN : 978-2-75-110672-9

Hélène Couturier

BYE BYE BOLLYWOOD

SYROS

À mes deux inspiratrices de toujours,
Carla Louise et Zoé Rose.

Où il y a véritablement de l'amour,
l'impossible n'existe pas.

Proverbe hindou

1.

Il y a des jours où rien ne va dans le bon sens mais qui se terminent plutôt bien... enfin, en apparence !

Cette journée-là a commencé le matin par une absence, celle de mon maillot de bain devant une professeure d'EPS en mode piscine qui m'a assuré que je l'avais fait exprès. Faux ! J'avais juste oublié de le rincer et de l'étendre et il devait toujours être mouillé à l'intérieur de son sac en plastique quelque part dans ma chambre depuis la semaine dernière.

J'ai donc rejoint la permanence et j'ai croisé la CPE qui m'a demandé de l'aider à coller des enveloppes. Comme elle est plutôt sympa (le genre de CPE qui lorsqu'elle doit sanctionner un élève est presque plus embêtée que lui), je n'ai pas pu refuser. Je me suis retrouvée coincée entre elle, la secrétaire administrative et leurs problèmes domestiques, liés pour l'une à son chien qui avait tendance à uriner à la sortie de l'ascenseur et pour l'autre à son chat qui perdait tous ses poils. Je leur ai conseillé de renvoyer leur animal domestique à la SPA mais ma proposition ne les a pas du tout amusées !

Après il y a eu le passage à la cantine. Évidemment il ne restait plus de frites mais juste le riz trop cuit façon bouillie pour enrayer la gastro.

Heureusement le vendredi je termine à 14 heures et comme il n'y a personne à la maison, j'y invite trois de mes amies qui n'ont pas cours non plus.

Et là on s'éclate.

Mes amies, c'est ma vie !

Mais ce vendredi-là où rien décidément n'allait dans le bon sens, même Salomé et Elsa se sont pris la tête à propos d'un garçon sur lequel la première avait des vues et la seconde déjà une grande vue.

Elles ont fini par nous demander, à Alice et à moi, laquelle avait le plus de droits sur lui.

– C'est peut-être à lui de choisir, non ? j'ai répondu.

– T'es pas drôle, Nina, a pesté Salomé, parfois t'as vraiment un humour de merde !

– C'est vrai ! a surenchéri Elsa.

Alice les a alors branchées sur une séance photo façon kitch avec les robes de déguisement de ma petite sœur Garance, et on s'est maquillées et on a décidé d'élire celle qui faisait la plus ringarde et on a trop déliré... jusqu'au moment où Garance a ouvert la porte :

– Vous n'avez pas le droit de prendre *mes* déguisements sans *me* demander la permission !

Je n'avais pas fait attention à l'heure et surtout je ne suis pas encore habituée à ce que Garance rentre de l'école primaire seule. Cela fait seulement dix jours que ma mère l'autorise à parcourir sans elle les cinq cents mètres qui séparent sa chambre de sa cour de récréation. Pour cette haute performance de début d'indépendance, maman lui a offert un portable.

Personnellement j'ai eu un téléphone uniquement au début de la sixième, comme si moi je n'avais jamais rien risqué sur le chemin de l'école...

Enfin, passons.

Garance envoie un SMS quand elle arrive à l'école et quand elle revient de l'école si maman n'est pas là.

Garance n'oublie jamais les SMS, ce qui fait dire à ma mère : « Tu vois, Nina, ta sœur est vraiment respectueuse de mes demandes, elle comprend mes angoisses. »

Ce à quoi je réponds : « Je dois tenir de toi, alors, parce que j'ai pas trop l'impression que tu comprennes souvent les miennes ! »

Retour sur mes amies et moi, et Garance en boucle :

– T'as pas à prendre mes affaires sans me demander.

– Ça va, la Naine !

– Moi j'ai pas le droit, alors pourquoi t'as le droit, toi ?!

J'ai regardé mes amies :

– Et dire que quand elle est née j'ai répété que c'était le plus beau jour de ma vie !

Elles se sont marrées et on a commencé à se déshabiller et à se démaquiller, non parce que Garance l'exigeait, mais parce que c'était l'heure de se séparer.

Puis, peu après, ma sœur est venue s'incruster dans ma chambre :

– On joue !?

– Tu vois pas que je bosse ?

– Tu bosses pas, t'es sur Facebook.

– Ça te regarde ?

– Une partie de Uno ?

– Non.

– S'il te plaît...

– Non.

– Pour te faire pardonner de m'avoir piqué des affaires sans me demander.

– Écoute bien, Miss Parfaite, tous ces déguisements, au cas où tu l'aurais oublié, étaient à moi avant d'être à toi.

– Pas celui de la Chinoise. C'est papa qui me l'a offert.

– OK, à part celui de la Chinoise. Donc je n'ai rien à me faire pardonner. Parce que si on compte tout ce que je t'ai filé depuis que t'es née, tu aurais de quoi ouvrir un magasin.

– Pas vrai. Tu me donnes pas ce que je veux. Tu me donnes juste ce que toi tu veux plus et que t'as la flemme de jeter à la poubelle !

– La porte !

– Les grandes sœurs, elles jouent !

– On doit pas connaître les mêmes !

– Forcément tu ne connais pas les gentilles, tu connais que les comme toi !

– Bouge !

Elle est partie sans refermer la porte et je lui ai hurlé de revenir la fermer, mais elle n'est pas revenue et je me suis relevée pour la claquer. Garance m'a crié qu'on ne claquait pas les portes et qu'elle allait le dire à maman, et que maman allait de nouveau retirer ma porte pour que je ne la claque plus.

2.

Petite précision sur moi-même. J'ai quinze ans et depuis quelques mois le ton est monté un peu beaucoup entre ma mère et moi.

Mon père lui a dit que c'était une histoire d'hormones.

– Hormones ou pas, tu vis à mille kilomètres ! lui a-t-elle répliqué.

Mon père en a rajouté une couche :

– Quand Nina est avec moi, ça se passe très bien.

– Évidemment, tu lui cèdes tout, tu ne partages avec elle que des moments de vacances !

– Si Nina veut revenir vivre à Dublin, ce sera avec joie.

Je croise les doigts pour ne pas y aller. J'adore mon père. Vraiment. On fait des tas de sorties ensemble comme des petits concerts de reggae ou d'électro et on va au cinéma voir les blockbusters que ma mère méprise, mais mes vraies amies maintenant sont en France et je le répète : mes amies, c'est ma vie !

Et donc, depuis que le ton est clairement monté, mes hormones et moi nous nous sommes mises à claquer la porte de ma chambre et ma mère l'a enlevée de ses gonds. Je peux vous certifier que ne plus pouvoir fermer la porte de sa chambre parce que vous n'en avez plus, c'est super bizarre.

Au bout d'un mois elle l'a remise et j'ai recommencé à la claquer, alors elle l'a de nouveau enlevée et ainsi de suite...

Concernant ma porte je suis donc en sursis et c'est la raison pour laquelle je la claque uniquement lorsque ma mère est absente !

3.

Retour dans ma chambre. Allongée sur le tapis à bouclettes, mon prochain contrôle de SVT chapitre « reproduction » sous les yeux. Mais pas que. Le paragraphe gamètes était sous l'œil gauche, mon ordinateur portable sous l'œil droit, commandé de la main droite tandis que l'autre main tenait le mobile. Je passais avec habileté (ma mère dit « dextérité » car elle adore rappeler à l'ignorante que je suis que le vocabulaire existe) de Facebook à l'envoi et à la réception de messages via tous les réseaux à disposition, quand j'ai entendu la porte d'entrée s'ouvrir et la voix de ma mère :

– J'ai une surprise, les filles ! Venez !

Aussitôt les pas précipités de Miss Parfaite ont claqué sur le parquet. Pas les miens. « Surprise » ou pas, j'ai passé l'âge de débouler à la seconde. L'époque où je me ruais dans l'entrée dès que j'entendais la clé dans la serrure et où je me jetais dans les bras de ma maman que je considérais comme la meilleure et la plus belle des mamans est terminée (ma mère dit « révolue »).

Aujourd'hui, je croise les doigts pour qu'elle rentre le plus tard possible le plus souvent possible !

Ma mère a dû dire au Moustique à couettes quelque chose comme « il faut que vous soyez là toutes les deux pour avoir la surprise », car la porte de ma chambre s'est ouverte à toute volée et Garance a surgi :

– Arrête de faire ta belle, tu peux pas venir quand maman te le demande ? C'est pas bien de ne pas répondre à maman !

Le niveau sonore de Garance est tellement élevé que la meilleure façon de la faire taire est parfois d'obéir (ma mère dit « obtempérer »).

Je me suis donc levée. Mais pas hyper rapidement. J'ai vraiment pris mon temps, histoire que la Naine trépigne.

Arrivée dans le salon, j'ai vu sur la table basse deux sacs en papier du traiteur indien. Ça sentait (ma mère dit « embaumait ») super bon. Un parfum (ma mère dit « fragrance ») de naan au fromage, de samosa et de curry aux crevettes à tomber !

J'aurais bien tout dévoré sur-le-champ. Mais avant j'ai fait un bisou à maman et immédiatement Garance est venue en faire un aussi : c'est toujours comme ça...

Chaque fois que je manifeste de l'affection à ma maman, faut qu'elle vienne se coller entre nous deux.

Ma mère dit que j'exagère. Elle se trompe : si je n'existais pas, elle aurait deux fois moins de bisous de sa petite chérie adorée de son cœur et de sa vie !

– L'indien c'est pour vous mettre dans l'ambiance de la surprise !

Garance et moi nous sommes décollées de maman et nous avons attendu la suite, les yeux et la bouche rivés sur les sacs renfermant les précieuses barquettes cerclées de papier d'aluminium.

– Dans deux semaines, nous partons dix-huit jours.

– J'ai que deux semaines de vacances.

– Exceptionnellement, tu peux manquer trois jours, Nina !

J'ai cru que je n'avais pas bien compris et elle a dû le noter parce qu'elle l'a répété :

– Oui, je pense que pour cela tu peux manquer trois jours, j'appellerai la CPE.

J'étais vraiment scotchée. Parce que ma mère est du genre à fond sur les études, l'enseignement, la culture. Elle respecte énormément les profs (même ceux qu'on aurait préféré ne jamais avoir) et répète que sans transmission nous ne sommes rien et que les enseignants sont la colonne vertébrale d'un pays.

Alors que moi j'apprécie le collège surtout pour ce qui se passe en dehors des heures de cours ! Si ce n'était pas se lever à 6 h 50 quasiment tous les matins, je crois que je pourrais passer sept jours sur sept au collège, enfin je veux dire dans la cour et à la cantine.

– Moi aussi ça me fait rater l'école, c'est trop nul !

Miss Parfaite est en CM1, mais évidemment elle n'a pas pu s'empêcher de la ramener et maman a précisé :

– J'ai déjà prévenu ton institutrice, elle est d'accord pour cette absence et trouve intéressant qu'à ton retour tu fasses un exposé sur ton voyage.

– On va où ?

– Un endroit auquel vous rêvez souvent toutes les deux !

J'ai pensé à Disneyland, un truc pour les grandes comme moi et pour les naines comme ma sœur.

Maman n'avait jamais donné une date précise mais elle nous l'avait promis. En même temps, dix-huit jours chez Disney, c'était un peu long, et les maîtresses demandent rarement à leurs élèves un exposé dessus. Et puis... j'avais beau chercher... je ne voyais pas trop le rapport entre l'indien et Disney, excepté Mowgli face au serpent qui lui susurre : *aie confiance...*

J'ai donc continué à chercher « un endroit auquel vous rêvez toutes les deux ». Et je me suis mise à délirer sur un de ces hôtels clubs avec plusieurs piscines immenses et buffet de petit déjeuner gigantesque, oui, un de ces endroits auxquels Garance et moi rêvons et que maman déteste.

Un club avec tout plein d'ados hystériques (exactement comme je suis avec ma bande de filles), un kid club pour les mioches comme Garance, histoire de pouvoir bronzer tranquille, et un bar à cocktails pour les vieux !

L'endroit rêvé.

Le fantasme absolu.

Celui qui vous garantit de véritables vacances.

J'avais entendu dire que certains clubs étaient même pourvus de discothèques !

– J'ai trouvé, on va au Club Med !

Ma mère m'a jeté le regard de la maman qui se demande si sa fille est débile, un peu, beaucoup, ou complètement !

4.

Petite précision sur ma mère. Elle mange bio. Elle ne fume pas. Elle boit très rarement de l'alcool et uniquement du vin rouge issu de l'agriculture biologique, pour le tanin.

À la maison, c'est ambiance légumes, poissons, viandes blanches, tofus, fruits et des tas de légumineuses comme les lentilles corail, et des thés verts et des infusions. La seule viande rouge que ma sœur et moi consommons, c'est à la cantine. Heureusement, ma mère adore les pâtes.

Sans gluten *of course*.

À la maison, on se déchausse dans l'entrée.

Ma mère pratique le yoga, du Iyengar yoga très exactement, et de la méditation issue de la tradition bouddhiste japonaise : le zazen. *Za* en japonais signifie « assis », et *zen* « méditation ».

Elle consulte toutes sortes de thérapeutes non remboursés par la Sécurité sociale. Elle lit beaucoup et elle adore écouter des musiques traditionnelles avec de véritables instruments. Mon père m'a assuré qu'à vingt-cinq ans elle était branchée électro et ne ratait pas un festival. C'est justement dans un festival qu'ils se sont rencontrés. Sur les photos de cette époque, elle porte souvent des pantalons militaires rapiécés avec des vestes Adidas ultra moulantes. Elle a toujours une cigarette à la bouche ou un verre à la main, des mèches blond très clair et de grandes lunettes de soleil toutes rondes. Elle a un super style et elle a l'air hyper cool. Aussi quand je la vois maintenant dans notre appartement archi rangé et dépouillé où tout visiteur est prié de se déchausser, j'ai vraiment du mal à me dire qu'elle a vécu avec mon père à Dublin dans un squat où il y avait un point d'eau pour dix personnes qui servait en même temps de salle de bains et de cuisine.

Mais bon, comme dirait ma grand-mère : « Je n'aurais jamais pensé que ta mère devienne aussi raisonnable et équilibrée. »

Je ne dois pas avoir les mêmes critères que ma grand-mère...

Ma mère n'est pas équilibrée : elle penche juste vers un nouvel extrême, et jusque dans ses fringues !

Elle a balancé toutes ses sublimes vestes Adidas pour des pulls coton bio totalement informes qui cachent ses formes, ce qui fait dire à mon père (il adore l'asticoter) : « C'est parce que t'en avais marre qu'on mate tes grosses loches ! »

Côté maquillage, *idem*. La bouche rouge et les ongles marron, c'est fini. Ma mère la joue na-tu-rel. Elle a même tenté de ne plus se teindre les cheveux. Heureusement, plusieurs de ses amis lui ont dit qu'elle avait pris dix ans d'un coup et elle s'est décidée à se refaire des mèches pour que ses cheveux blancs se fondent dans la masse.

Ouf !

Elle a un amoureux qui est dans le même délire qu'elle – je parle du trio yoga méditation bio, pas des mèches dans les cheveux.

En fait, le terme « amoureux » est un bien grand mot pour ma mère. J'y reviendrai. En ce moment, elle et son « amoureux » sont en froid. Je crois qu'il pensait qu'elle finirait par accepter sa présence au quotidien. Il est vraiment naïf !

En plus il doit nous détester car je suis certaine qu'au lieu de lui avouer qu'elle était incapable de partager son espace avec un homme, elle a dû privilégier une raison comme : « Tu comprends, avec mes filles, toutes les trois, on a trouvé la bonne énergie, je ne veux pas les perturber dans leur rythme ! »

Enfin, passons.

Je préfère nettement les vieux copains de ma mère qui fument, boivent et mangent de la viande saignante aux nouveaux qui ne touchent même pas au fromage et parlent en continu des bienfaits de telles ou telles graines et de chemin spirituel. Et qui comme ma mère fuient les meutes de touristes et recherchent avant tout le calme, la nature si magnifique et si salement malmenée par nous autres humains !

Enfin, pour compléter sa petite présentation, je dois ajouter que ma mère est traductrice d'anglais et d'espagnol vers le français. Elle adore les mots. C'est même une obsession. Sa citation préférée est celle de Blaise Pascal (un mathématicien philosophe du XVIIe siècle) qui en gros raconte que quand t'as pas les mots, t'as pas les idées !

Depuis peu elle s'est également mise au sanskrit, une très vieille langue qui a servi à écrire tous les textes religieux hindous et bouddhistes, un peu le latin des Indiens.

Encore un point la concernant. Le dernier. Elle répond au doux prénom de Valentine et comme elle trouve que ça fait ringard (à cause de la Saint-Valentin, sans doute, et de son rapport à l'amour – même si elle prétend que non !), elle se fait appeler Val.

Quand je veux juste aller plus vite ou l'agacer légèrement, au lieu de lui dire « maman » je l'appelle Val, et quand je veux vraiment l'énerver parce qu'elle m'a énervée, je l'appelle Valentine, et en général elle me rétorque : « Arrête de m'appeler par mon prénom. Je ne suis pas ta pote ! »

Généralement, je réplique : « Ça c'est certain ! Jamais je n'aurais eu une copine comme toi !!! »

Je sais. C'est un peu facile comme réplique et pas hyper sympa, comme dirait mon père. Mais finalement ça résume assez bien le ton de notre relation mère/fille depuis que mes hormones ont débarqué !

5.

Retour au salon et suite de la séquence « surprise » ! Il y a donc « Valentine », ma petite sœur, moi et les sacs de chez l'indien. J'ai super faim et je commence à trouver le temps long, d'autant que ce genre d'odeurs, c'est bon quand c'est bien chaud. Et justement, histoire que ça refroidisse encore un peu plus, ma mère est en train de jouer avec ma sœur à « chaud ou froid » suivant les destinations.

Ma sœur *adooore* jouer et ma mère *adooore* faire jouer sa petite chérie adorée de son cœur et de sa vie.

Alors pendant que Garance énumère des lieux qui n'existent que dans sa tête de gamine de neuf ans et que ma mère répond en riant « tu brûles, tu gèles, tu te réchauffes », eh bien moi, je me laisse envahir par une douce sensation d'euphorie en me disant : « Ça y est, génial, Val a enfin décidé de relever de la catégorie des parents qui veulent réjouir leur progéniture avant tout. » Aussi, quand elle affiche sur son mobile une page d'Air France où sont inscrits nos trois prénoms et noms avec un numéro de vol et une destination, New Delhi, India, je lui saute au cou et Garance également. Et pour une fois je suis certaine que ce n'est pas pour m'imiter, mais parce que l'Inde est bien le pays qui nous fascine depuis toujours.

Tout a commencé vers mes quatre ans, après avoir découvert le film *Devdas*. C'est le vrai mélodrame indien. L'histoire d'amour impossible entre deux personnes appartenant à des milieux différents. Un jeune homme riche et une jeune fille beaucoup plus modeste. Un genre de *Roméo et Juliette* fabriqué à la sauce Bollywood. C'est-à-dire avec des couleurs de partout, des décors de folie et des costumes hallucinants, des acteurs trop beaux, de la danse et des chansons... C'est grandiose, sublime, et ça dure trois heures ! Pour moi, c'est le top (ma mère dit « la quintessence ») du film *made in* Bombay, capitale de l'industrie du cinéma indien, d'où le nom de « Bollywood ».

La mythologie indienne est la seule que je connaisse bien, enfin mieux que les autres ! *Idem* pour la cuisine. J'ai suivi des cours. J'ai même pratiqué la danse indienne quand mes amies s'attaquaient au hip-hop.

Bon, j'ai arrêté au bout d'une année parce que la danse indienne, c'est top, mais la musique, c'est trop ringard. Jamais compris pourquoi la prof ne nous faisait pas travailler sur des morceaux hindi électro pop *made in UK*. Elle était pour la tradition et les instruments ancestraux, comme ma mère d'ailleurs, et elles s'appréciaient beaucoup. C'était son droit. Le mien a été de rejoindre mes amies au hip-hop pendant que Garance retrouvait les siennes au flamenco avec un seul objectif : obtenir à six ans une paire de chaussures à talons.

Talón, punto !

Entre deux bouchées de samosa aux légumes, on a répété à maman qu'elle était la meilleure des mamans.

Oui, même moi je l'ai dit et je l'ai pensé très fort, ça faisait très longtemps que je ne l'avais pas pensé aussi fort.

Pour parfaire l'ambiance, on a inséré *Devdas* dans le lecteur DVD. J'aurais préféré *Slumdog Millionaire* (ne serait-ce que pour la BO), mais le film provoque des cauchemars chez le Moustique à couettes : elle rêve des méchants au lieu des gentils !

Cette nuit-là, avant d'aller nous coucher, j'ai dit à Garance que j'avais la sensation d'être devenue Wendy : Peter Pan venait me chercher et nous partions pour le pays imaginaire.

On s'est fait un gros câlin de sœurs, elle m'a suppliée de dormir avec elle et j'ai accepté, alors que dormir avec Garance est un calvaire. Elle pivote dans son sommeil jusqu'à se retrouver en travers du lit. Vraiment. Les jambes et les fesses parallèles aux oreillers. Donc forcément, je me retrouve avec sa tête ou ses pieds sur le ventre. Pour couronner le tout, elle adore entortiller ses doigts dans mes cheveux et une fois sur deux au matin, je me retrouve avec des dreads façon rasta !

Mais bon. C'était un vendredi qui avait si mal commencé et qui, en apparence, se terminait tellement bien que j'étais prête à tous les sacrifices de grande sœur...

6.

Pendant les quinze jours qui me restaient avant mon envol pour mon pays merveilleux, je n'ai cessé de parler de l'Inde : aussi bien de Bollywood que du *Livre de la jungle* en passant par Aishwarya Rai, *Coup de foudre à Bollywood*, Gandhi et Mère Teresa.

Je mélangeais tout.

J'étais *Made in India* de la tête aux pieds.

Tellement heureuse (ma mère dit « euphorique ») que pas une seule fois l'idée de questionner maman sur notre destination exacte en Inde ne m'a effleurée.

Garance non plus, d'ailleurs.

Garance pose toujours beaucoup de questions parce qu'elle aime être au courant de tout, mais là, rien.

Idem pour mes copines.

Elles me disaient : « Tu nous saoules avec ton voyage en Inde », mais aucune ne m'a demandé : « Au fait, tu vas où en Inde ? »

À croire que l'Inde était Andorre !

Mes copines entendaient le mot « Inde » et ça leur suffisait.

Ma mère avait dit « Inde » à ses deux filles et ça leur suffisait.

Comme si les deux syllabes qui composent le mot « Inde » étaient magiques (ma mère aurait dit « hypnotiques »).

Bref, *magiques* ou *hypnotiques*, j'aurais dû me méfier. Je connais ma mère et son côté fantasque (pour une fois, j'utilise du *vrai* vocabulaire, elle serait ravie !), vaguement snob, qui lui fait préférer une randonnée en Ardèche aux plages du littoral espagnol en plein mois d'août, alors pourquoi je ne l'ai pas bombardée de questions ?

Tout simplement parce que je ne pouvais pas imaginer qu'une mère embarque ses enfants dans un truc pareil !

Enfin je veux dire, une mère relativement normale...

Donc, la veille du départ, j'ai rempli ma valise comme n'importe quelle fille de quinze ans et un mois l'aurait fait. La fille entend « Inde, mois d'avril » et les automatismes s'enchaînent : shorts, débardeurs, jupettes, ballerines, maillots de bain, paire de lunettes de soleil, chapeau et paréos. Juste un léger pull pour le soir et un jean si jamais un tour de cheval ou de karting est prévu au programme.

Je remplissais encore et encore ma valise en constatant qu'on peut emporter beaucoup plus de tenues différentes quand on part au soleil qu'à la neige, et rien que cela me plaisait.

Puis j'ai pris un petit sac pour mon matériel électronique : ordinateur portable et disque dur externe avec des chargeurs de différents embouts au cas où l'Inde aurait conservé la prise trois trous de ses anciens colonisateurs anglais.

J'étais justement en train de me dire que ce n'était pas quelques milliers de kilomètres qui allaient me déconnecter de mes amies et donc de ma vie, quand Garance est entrée dans ma chambre et a posé les yeux sur ma valise ouverte avec son air de Miss Parfaite archi éveillée qui sait tout :

– C'est pas ce genre d'affaires qu'il faut prendre, mais alors pas du tout.

– C'est ça, la Naine, tu vas m'apprendre à faire une valise !

– Ben... oui, je crois bien que t'as besoin d'aide !

– Ta bouche !

Je dis « ta bouche » à Garance quand ma mère est dans l'appartement parce que si elle m'entend dire « ta gueule », je suis punie.

Maman ne supporte pas les insultes entre sœurs. Alors que moi ça me paraît normal. Garance est la seule personne à qui je peux lancer « ta gueule » et deux minutes après « je t'aime ».

– Il faut prendre des pantalons et des chemises à manches longues et des chaussures de marche.

– Quoi ?!

– Des chaussures bien fermées pour protéger tes pieds, c'est maman qui l'a dit et elle m'a dit que ça l'étonnerait qu'il y ait une piscine.

À ce moment précis, des images de chemins de terre, de marécages et de chambres remplies de moustiques encore plus irritants que ma naine de sœur ont défilé devant mes yeux. Mon ventre s'est resserré et une montée d'angoisse a commencé à m'envahir, je suis sortie de ma chambre en quête d'une explication.

Ma mère était dans le salon en *sirsasana* (mot sanskrit pour dire « posture de yoga sur la tête »). Elle avait donc la tête au sol et les jambes en l'air. Je me suis accroupie et j'ai collé mon visage au sien en murmurant :

– Maman, on va où ?

Elle n'a pas répondu tout de suite. Elle ne parle pas pendant sa pratique de yoga. J'ai eu le temps de compter jusqu'à 50 avant qu'elle redescende, se mette en *balasana* (posture de l'enfant) et enfin relève ses yeux à la même hauteur que les miens.

– Ma chérie, on va en Inde !

– OK, maman, ça j'ai compris, mais où en Inde, j'aimerais bien savoir...

Elle m'a gratifiée d'un regard pas content comme si je la dérangeais en plein exercice pour lui demander s'il restait des madeleines pour le petit déjeuner, alors j'ai attendu un peu avant de relancer ma question avec un ton nettement plus ferme :

– Où exactement en Inde, j'aimerais bien savoir, STP...

Val s'est relevée et a refait quelques exercices d'assouplissement avant de s'immobiliser devant moi et de me préciser :

– À cinq heures de route de Delhi, dans l'Uttar Pradesh, pas loin du Taj Mahal.

– Okay, merci pour l'indication géographique, mais je te demande où on va dormir, dans un hôtel, chez l'habitant ?

– Ni l'un ni l'autre !

J'ai compris que Bollywood était loin. Très loin. Même si je situais difficilement la distance entre Mumbai (ex-Bombay) et le Taj Mahal. Et j'ai senti que mon angoisse laissait place à la colère :

– Je t'ai demandé où ! Où on va dormir ?

– Dans un ashram !

J'ai pâli mais pas hurlé.

J'étais anéantie.

Ma mère m'avait volé ma voix mais pas celle de Garance :

– C'est quoi un ashram ?

J'ai inspiré profondément. Je voulais récupérer mon souffle, lui répondre, ne pas hésiter, que Garance prenne immédiatement la mesure de l'enfer qui se profilait et dans lequel maman (qui n'est pas du genre à reconnaître ses torts et à modifier ses plans à la dernière minute) nous conduisait sans un gramme (ma mère dit « une once ») de culpabilité.

Il faut dire que le coup de l'ashram, je l'avais déjà connu en Espagne quatre ans plus tôt alors que Garance était tranquille en Bretagne avec mamie car elle n'avait pas l'âge requis.

Ce séjour (heureusement limité à une semaine) avait été pour moi d'un ennui total. Je m'étais retrouvée à la table des enfants pour les repas et les ateliers mandalas. Tout était en espagnol et je ne comprenais rien. Et puis j'avais eu très faim parce que leurs galettes céréales et tofu, ça va au petit déjeuner, mais trois fois par jour, ça finit par créer un sale vide dans votre estomac.

– Chère petite sœur, un ashram est une très grande maison où tu dors sur un matelas à même le sol avec les cafards.

– Nina, ne dégoûte pas Garance, c'est un endroit magique !

– C'est vrai qu'on dort par terre ?

– Nina raconte n'importe quoi ! Il y a des lits et des draps et c'est très propre.

– Oui, tu as raison, Val... quand ce n'est pas complètement plein, tu as parfois des lits jumeaux comme en colonie de vacances. De toute façon, avec ou sans sommier, tu te lèves aux aurores. Inutile d'espérer faire la grasse matinée pour la bonne raison qu'ils adorent passer avec des cloches dans les dortoirs pour que tout le monde se lève ensemble et vive en communion !

– Nina, arrête !

– Pas d'accord, maman, Garance a le droit de savoir ! Ce n'est pas toi qui dis toujours qu'il faut parler aux enfants de la même façon qu'aux adultes, avec les mêmes mots et les mêmes tournures de phrases pour ne pas les in-fan-ti-li-ser encore davantage ?

– Tu es vraiment odieuse !

– Maman... c'est vrai, les... les cloches dans les dortoirs ? a couiné Garance.

Je dois avouer qu'avec les cloches j'avais fait fort. Parce que Garance est une véritable marmotte. Même à la maternité, ils n'avaient jamais vu ça. Sa première nuit, elle l'a quasiment faite en continu. Elle peut dormir douze heures d'affilée : on la couche à minuit et elle se lève à midi. Mais même si on la couche à 21 heures, elle peut aussi se lever à midi !

– Oui, Garance, tout le monde se lève avec le soleil pour aller méditer, et la journée, tu fais le ménage ou tu aides à la cuisine. Ton seul loisir, c'est yoga et méditation, et parfois on invite les petits à dessiner des postures de yoga ou à remplir des mandalas qui sont des genres de coloriages hyper répétitifs. Génial, non ?

– Nina, ça suffit.

D'un coup, j'ai culpabilisé. Garance n'était pas au bord des larmes, mais pas loin, et ma mère était archi énervée contre moi. Qui sait, peut-être qu'elle allait téléphoner à mon père et lui dire qu'elle m'envoyait à Dublin pour les vacances, car j'étais *too nasty* ?

Petite précision sur mon père. Il ne s'est jamais mis au bio et n'est pas près de s'y mettre. En fait, mon père n'a pas vraiment changé de mode de vie depuis ses vingt-cinq ans. Il fume, il boit de la bière et ne fait jamais l'impasse sur une virée dans les pubs avec des amis qui lui ressemblent. Mais bon, comme ils ne sont plus ensemble, ma mère a cessé de le sermonner. Finalement, depuis qu'ils sont séparés ils s'entendent plutôt mieux que lorsqu'ils étaient en couple.

Revenons à ma mère dans le salon : elle ne m'a pas hurlé qu'elle appelait mon père. En fait, elle est restée silencieuse, se contenant de me foudroyer du regard.

– Y a des araignées ? a demandé Garance sur un ton inquiet.

– Sans doute !

– Bien sûr que non, Nina dit n'importe quoi.

– Il y aura des filles de mon âge ?

– Au moins une plus petite que toi, cinq ans, je crois... et un garçon de l'âge de Nina.

– Un garçon de mon âge... génial ! Merci maman, vraiment, je te remercie pour cette belle attention !

Un sentiment d'injustice m'a envahie. Ou plutôt un sentiment d'invisibilité. Comme si tous les efforts que j'avais faits pendant ce dernier trimestre, ma mère ne les avait pas vus.

J'ai eu envie de lui hurler : « J'ai la moyenne partout. PARTOUT. Même en maths et en physique-chimie. Et toutes les appréciations soulignent mes efforts... mais pas toi visiblement... pourtant t'as dû les lire, généralement les bulletins tu les apprends par cœur ! »

– Le but d'un tel voyage n'est pas de faire ce qu'on fait toute l'année mais bien de découvrir des cultures et des personnes différentes...

– Un hôtel club c'est différent, je n'y suis jamais allée !

– Tu me fatigues, Nina, arrête de toujours penser à toi !

– Ah oui, c'est moi qui ne pense qu'à moi... T'as une façon de renverser la situation...

– Je travaille toute l'année, j'ai besoin de décompresser, ce sont aussi mes vacances et j'ai justement l'impression de vous faire un joli cadeau parce que nous allons vivre quelque chose qui ne ressemble à rien de ce que nous connaissons !

– Mais tu ne comprends pas que tu nous saoules avec ton trip écolo yoga zen ? Moi j'ai envie de bruit et de musique ! Je suis une fille normale de quinze ans. Le poulet tandoori j'adore, mais avec une connexion Internet haut débit !

Elle n'a même pas pris la peine de répondre avec une phrase. Elle m'a juste toisée d'un petit air méprisant du genre « je te plains » (c'est son air préféré), avant de rentrer dans ma chambre et de consciencieusement retirer de ma valise ce qu'elle jugeait inutile pour le remplacer par de l'utile.

Je me suis salement énervée et je lui ai balancé tout un tas de trucs pas super sympas, des trucs qu'on ne dit pas à sa mère, je le reconnais !

Et elle a fini par me balancer son fameux et répétitif :

– Si tu n'es pas capable de comprendre aujourd'hui ce que je fais pour toi, tu le comprendras plus tard quand tu seras mère !

J'ai eu trop envie de lui répliquer que jamais je n'aurais de gosses pour être sûre de ne jamais lui ressembler mais elle venait de sortir de ma chambre en claquant la porte encore plus fort que lorsque je la claque moi-même.

Je me suis affalée sur mon lit en me promettant de partir après le bac. Il me restait trois années, et rien que pour ne pas passer un mois de plus avec elle, j'allais bosser dur pour ne pas repiquer.

Et puis j'ai pris mon ordinateur et je l'ai ouvert à la dernière page de mon journal intime.

La veille, quand je croyais encore que j'allais visiter Bollywood, j'avais noté dans la colonne « résolutions » : *mieux parler à ma mère qui m'énerve mais que j'adore, me calmer avec ma petite sœur qui m'énerve mais que j'adore et que je trouve trop mignonne, et oui je suis un peu jalouse de ceux qui s'extasient sur elle : on verra quand elle aura des boutons, qu'elle commencera à prendre des fesses, que ses cheveux deviendront gras et qu'elle aura des bagues aux dents.*

J'arrête : sinon vous allez vraiment croire que je suis horrible.

En plus je porte des lunettes. Il ne me manque plus que l'appareil auditif.

Quand un garçon pas trop mal me sourit, j'ai l'impression que c'est juste pour entrer en contact avec une de mes amies super jolies.

Bref, je ne suis pas au meilleur de mon amour pour moi-même... et dire que, petite, je m'adorais... J'adorais aussi ma maman plus que tout... peut-être encore plus que moi !

J'ai éteint la lumière mais je n'ai pas réussi à m'endormir. Peu importait que le réveil soit réglé à 5 heures pour un décollage à 8 h 30. Dans ma tête, ça tournait dans tous les sens. J'ai même prié pour attraper une grosse fièvre, une maladie soudaine qui interromprait toute possibilité de départ. En vain. Aucune douleur n'est venue contredire le projet « touristique » de maman.

Mon corps refusait de me soutenir.

Mon corps voulait aller en Inde.

7.

Après le décollage j'ai placé mes écouteurs sur mes oreilles.

J'ai dormi mais pas mangé.

Une boule de la dimension de mon poing bloquait mon estomac et ma mère me lançait à intervalles réguliers des : « Nina, tu frises le ridicule... ton attitude est puérile... » Le sous-titre étant : « Si tu savais le nombre d'enfants qui ne partent jamais en vacances ! »

Je n'avais même plus envie de lui répondre, j'espérais juste qu'elle se rappelle qu'on avait trente-trois ans d'écart et donc pas forcément les mêmes envies... Lorsque Garance, armée de son Uno, m'a ôté un de mes écouteurs.

– On joue ?

– Non.

– T'es pas joueuse !

– Je suis joueuse pour un Jungle Speed avec mes copines et pas pour un Uno avec toi. J'ai toujours trouvé ce jeu débile, même quand j'avais ton âge !

J'ai remis mon écouteur et j'ai entendu Garance qui posait des tas de questions sur l'Inde à maman et qui écoutait les explications comme si elle était en cours. À tous les coups, au collège, Garance sera le genre première de la classe qui, quand on a un contrôle, a toujours terminé avant et qui au lieu de se la fermer lève la main et dit : « Madame, j'ai terminé, je fais quoi maintenant ? » Pendant que toi tu galères comme une malade et que t'en es toujours qu'à la moitié des questions, et que tu te sens juste super conne, et que t'as trop envie de lui dire : « T'as peut-être fini, mais la vie c'est pas juste un contrôle de physique-chimie, et crois-moi que sur le reste, tu seras pas forcément la première ! »

J'ai monté le son pour ne plus les entendre et je me suis endormie.

Avant l'atterrissage, j'ai enlevé mes écouteurs et rouvert les yeux, et ma voisine, une Indienne bien ronde qui avait largement mordu sur mon siège pendant tout le vol, m'a demandé où j'allais, si c'était ma première fois en Inde ?

Petite précision : évidemment j'avais eu la place à côté de maman mais Garance avait chougné et maman m'avait priée de lui laisser mon siège.

Je crois que nous sommes nombreuses à rêver d'une petite sœur, mais quand elle est là le cauchemar commence et continue par-delà les années. Elle sera toujours la plus mignonne, la plus touchante, la plus drôle. Et quand elle aura l'âge d'être moche et qu'elle s'engueulera avec sa maman chérie, nous, les aînées, ne vivrons même plus à la maison pour savourer notre vengeance. Ou bien nous serons encore à la maison mais déjà tellement loin de l'adolescence et de ses galères (ma mère dit « tourments », et quand elle veut vraiment se la péter, elle dit « affres » de l'adolescence) que nous ne serons que bienveillance pour celle qui se débat comme elle peut.

Bref, avec son sari mauve et or, son troisième œil et ses cheveux aussi longs que ceux de Raiponce en version poivre et sel, ma voisine de siège avait une certaine classe et beaucoup de douceur.

Je lui ai rapidement avoué mes craintes concernant l'ashram.

– *Sweetie*, il y a ashram et ashram ! Les ashrams pour Occidentaux sont très confortables et les règles beaucoup moins strictes que ce que tu imagines.

– Vous pensez qu'il y aura le wifi ?

– Les Indiens sont de grands informaticiens. Les Anglais, les Américains et les Français, ils veulent tous nos ingénieurs. Toute l'Inde est câblée, même le plus petit village.

Je l'ai crue. Elle semblait savoir de quoi elle parlait : son fils dirigeait une chaîne de fabrication de notebooks à Bangalore.

Puis, comme elle n'était pas très à l'aise en français, on a continué en anglais. Elle m'a complimentée sur mon niveau si rare chez les petits Français. Je ne lui ai pas précisé que j'avais passé mes dix premières années à Dublin, que mon père est irlandais et que donc je n'ai jamais eu à faire l'effort d'apprendre l'anglais : je suis née bilingue. Garance aussi. Mais comme elle a quitté l'Irlande à quatre ans, elle rame un peu, et j'avoue que ce n'est pas pour me déplaire !

– Tu vois, *Sweetie*, l'Inde a beaucoup changé ces trente dernières années. Aujourd'hui c'est un pays ultramoderne.

Ma voisine était tellement positive et rassurante sur son pays que c'est presque remontée à bloc que j'ai mis le pied sur *Mother India*, comme elle l'appelait.

L'aéroport a continué de me rassurer, il y avait comme dans tous les aéroports internationaux des gens originaires du monde entier, sauf qu'ici, très logiquement, une grande majorité d'Indiennes étaient vêtues de très beaux saris de toutes les couleurs.

Ces femmes juxtaposaient toutes sortes de bijoux, de longues boucles d'oreilles et surtout les fameux bracelets, les bangles. Elles les portaient par dizaines, quasiment du poignet au milieu de l'avant-bras. Elles étaient vraiment magnifiques, même les très âgées. Et puis il y avait des Indiennes habillées comme n'importe quelle Européenne. Des femmes d'affaires aux cheveux courts et en tailleur, avec leur smartphone en mode bluetooth et leur laptop sous le bras. Chez les hommes aussi, il y avait deux styles distincts : ceux qui privilégiaient la tunique plus ou moins longue sur un pantalon, et les adeptes du costume sombre et cravate, comme si dans tous les pays du monde être sérieux et performant, c'était ne pas oser la couleur. Et puis il y avait les enfants, dont certains étaient habillés comme nous. Mais on regardait surtout ceux qui étaient vêtus de façon traditionnelle.

Garance écarquillait les yeux.

Moi aussi.

Ma mauvaise humeur s'éloignait.

Nous n'étions pas dans *Devdas*, mais pas loin.

Ça n'a pas duré.

À peine quittée la zone aéroportuaire, la découverte du pays a viré *Slumdog Millionaire* version début de film.

Il était presque minuit mais les bords des routes étaient une suite ininterrompue de visages et de corps devant des baraquements de cartons et de tissus et parfois de tôles. Il y avait des gens partout, derrière la moindre voiture, le moindre arbre. Les trottoirs étaient leur maison, leur vie tenait dans quelques sacs en plastique.

Ça sentait la pauvreté extrême, la maladie et la mort.

Il y avait l'Inde de ma voisine de siège dans l'avion et des unités de production informatique, et l'Inde des trottoirs, et entre les deux, heureusement, des gens comme notre chauffeur.

Il discutait avec ma mère. Ce n'était pas un taxi à proprement parler. Il travaillait comme assistant comptable dans une fabrique de bois et connaissait bien les responsables de l'ashram. Pour rentabiliser l'achat et l'entretien de son véhicule, il ramenait ou allait chercher des touristes à l'aéroport. Il était propriétaire de sa maison, ses quatre fils allaient à l'école et même son unique fille. Il l'a souligné plusieurs fois, laissant entendre que dans son village la majorité des familles gardaient les filles à la maison pour aider aux travaux ménagers pendant que les garçons étudiaient.

J'ai regardé Garance. Elle dormait. Je nous ai imaginées toutes les deux balayant, nettoyant, lavant le bordel de nos frères pendant que ces derniers allaient étudier.

Au petit matin, la voiture a stoppé devant un grand portail de bois et de fer niché au bout d'une impasse rocailleuse et sèche. Sur le bâtiment en pierre, une pancarte en bois était accrochée où on pouvait lire : *Holly center. Peace and serenity !*

Il y avait donc encore une autre Inde : celle des Occidentaux en quête de spiritualité, celle de ma mère !

J'ai pensé, *fuck you* et même *fuck you twice*, mais j'ai quand même souri à l'immense femme au crâne rasé et au regard empli de joie façon sainte en extase qui venait à notre rencontre. Et j'ai maudit ma mère sans aucune restriction et encore moins de culpabilité.

C'est elle qui aurait dû être dévorée par la culpabilité. Elle qui aurait dû savoir que la *peace* et la *serenity* ne sont pas le kif d'une fille de mon âge bourrée de complexes !

L'épouvantail rasé se nommait Karen. Elle était tatouée de partout et avait visiblement abandonné ses piercings, car on en voyait encore les cicatrices sur les ailes de son nez et ses sourcils. Elle était danoise et a tout de suite précisé que non, on ne la réveillait pas : elle se levait tous les jours à 5 h 30 pour la méditation de 6 heures, et cette semaine elle avait également la charge des nouveaux arrivants.

Excepté son troisième œil rouge collé entre ses deux vrais yeux, son look n'aurait pas dépareillé dans un festival techno. Elle aurait pu être copine avec ma mère quand ma mère s'y éclatait avec mon père.

Petite précision : mon père m'a promis que l'an prochain, à mes seize ans, on partait pour Amsterdam. Gros festival d'électro en août, où il continue d'aller chaque année. On y va avec la tente, les pieds dans la boue. Je ne vais pas le dire à ma mère parce que, sinon, elle va le convaincre que je suis trop jeune pour une telle activité « parascolaire ».

En fait, je suis mature quand ça l'arrange. Suffisamment mature pour entendre ses raisonnements pessimistes sur l'amour, mais pas assez pour aller dans ce type de festival !

8.

On a suivi Karen dans un dédale de couloirs et d'escaliers jusqu'à la partie dortoir de l'ashram.

Des chambres de quatre séparées par des murs qui ne montaient pas jusqu'au plafond. Aucune intimité. Les gens étaient isolés sans l'être. Ils ne devaient pas en avoir besoin. Ils vivaient dans le même amour du yoga et de la méditation. Ils ne faisaient plus qu'un !

La dimension de notre chambre à partager à trois était la même que la mienne pour moi seule en France. Une cellule sans barreaux. Quatre lits superposés. Quatre chaises. Une table. Une penderie. Une ampoule nue au plafond et pas une seule prise électrique pour mon téléphone et mon ordinateur : j'ai stressé.

Ma mère, elle, allait super bien. Elle était souriante, quasi illuminée.

Dès qu'elle retrouve les gens du yoga, elle prend son air stupide et épanoui.

Oui, maman voguait en pleine extase. Tout était *fine, brilliant, wonderful* et *so cool* et Karen se répandait en *great* et en *I love France and French people*.

Ma mère et Karen étaient ridicules. Heureusement que je ne connaissais personne !

Maman a suivi Karen pour une petite infusion ayurvédique de bienvenue. Avec Garance, on a décliné l'invitation. On s'est assises sur un des lits, on s'est regardées, Garance a posé sa main dans la mienne.

Elle fait ça uniquement en cas d'angoisse ou quand elle est très fâchée avec sa maman d'amour, ce qui à son âge arrive moins d'une fois par an.

– Nina, j'aime pas ici.

J'ai décidé d'être forte parce que de toute façon on était là pour dix-huit jours. Il n'y avait pas d'autre option, maman n'allait pas annuler son plan « *peace and serenity* » pour nous.

Dix-huit jours pour le meilleur et pour le pire : j'ai croisé les doigts pour dénicher quelque chose entre le meilleur et le pire.

J'ai ouvert mon mobile. Je n'avais plus accès à mon réseau téléphonique, et côté wifi, rien : le pire se confirmait.

La cloche pour le lever a retenti : 5 h 30. Heureusement, avait précisé Karen, vu notre heure d'arrivée à l'ashram, nous étions exemptées de lever et pouvions dormir jusqu'à la cloche de 11 heures : le déjeuner.

Quelle chance inespérée !

Garance s'est endormie dans mes bras comme quand elle était un petit microbe. Je ne sais pas laquelle de nous deux réconfortait l'autre. J'ai le souvenir qu'elle n'a quasiment pas bougé. En même temps, elle était coincée entre le mur et moi. Je me suis réveillée avec la cloche du déjeuner. Mon estomac criait famine.

J'ai fait un gros bisou à Garance. Elle a ouvert un œil et la bouche :

– Je veux partir, Nina.

D'habitude elle commence par : « J'ai faim. »

J'allais vraiment devoir être cool, parce que sinon elle galopait vers la déprime infantile.

Ma mère devait être en train d'étirer ses membres, d'unifier son corps et son esprit (c'est le but du yoga qui signifie en sanskrit « lien »), et j'ai prié pour qu'elle se froisse un petit muscle, enfin un truc qui nous obligerait à disparaître de cet enfer.

– Je veux partir, a répété Garance.

J'ai sorti un paquet un peu écrabouillé de crocodiles en gélatine. Elle a secoué la tête. Habituellement, ce genre d'attention, même écrabouillée, la comble de joie ! Elle s'est mise à sangloter. Je l'ai serrée contre moi. C'est fou ce qu'elle peut m'énerver la plupart du temps et ce qu'elle peut m'émouvoir dès qu'elle va mal. Je l'ai soulevée et placée sur un des lits surélevés. Je lui ai souri façon grande sœur hyper rassurante :

– C'est la fatigue, on est crevées par le voyage...

– Je veux partir.

– Je jouerai avec toi.

– Tout le temps ?

– Oui !

– Tu seras l'élève et moi la maîtresse.

– Non, je serai la maîtresse et toi l'élève.

– Je veux partir.

– OK, je serai l'élève.

– Tu te laisseras gronder et punir ?

– Oui !

– Et frapper ?

– Ça va pas, non ? !

– Je veux partir.

– Bon, frapper pour de faux.

– Nina, je t'adore, tu es la meilleure des grandes sœurs.

– Et toi la meilleure des petites sœurs.

On s'est fait un gros câlin et on s'est dit plein de choses gentilles. Elle m'a promis qu'elle ne rentrerait plus dans ma chambre sans toquer à la porte et que je pourrais prendre ses déguisements pour m'amuser avec mes copines, mais que je devais lui envoyer un SMS pour la prévenir puisque maintenant elle avait un mobile. Et soudain, elle a pointé du doigt la fenêtre :

– Regarde !

– Quoi ?

– Là... dans cette maison. Là, au rez-de-chaussée...

J'ai ouvert la fenêtre qui donnait sur une petite rue bordée d'un enchevêtrement de maisons d'un ou deux étages et de gros câbles électriques.

– Là…

Garance désignait une des maisons qui se situait à moins de dix mètres en face de notre chambre.

– Je vois rien…

– Y avait un homme immense comme un géant et il est entré dans cette pièce avec une ado et il l'a jetée dedans !

– Jetée ? !

– Oui… je sais pas… il l'a poussée, et je les ai plus vus, je les vois plus.

Garance était remuée.

– Écoute… y a personne…

– Ils étaient là, je te dis.

– C'est sans doute qu'une engueulade entre un père et sa fille.

– Papa, il ne t'a jamais jetée comme ça !

– Normal ! Je suis paaaarrrrfaiiiite !

– Arrête, Nina, c'est pas drôle.

Garance insistait et assurait que ce n'était pas normal, qu'elle le sentait. Moi j'avais trop faim pour la contredire, alors je lui ai dit « oui » en pensant « non », en pensant que le voyage l'avait fatiguée et que l'ambiance de l'ashram l'angoissait et fouettait son imagination débordante.

Je me suis mise à vider ma valise.

Trouver la bonne tenue.

C'était ma première apparition et même si c'était un lieu de paumés, je ne voulais pas leur ressembler ni avoir non plus l'air de celle qui se la joue. J'ai fini par opter pour un short et un débardeur avec une écharpe légère à petites fleurs.

Garance avait rapidement enfilé un bas de jogging et un tee-shirt et s'était replacée devant la fenêtre, espérant apercevoir la suite de ce qu'elle avait vu.

J'ai pensé à moi au même âge. Ce qui me rendait dingue, c'était que l'on ne me croie pas, qu'on me dise d'arrêter de raconter des bobards pour faire l'intéressante. C'était l'histoire de *Pierre et le Loup* à l'envers. J'annonçais quelque chose de réel et les adultes me rétorquaient que ce n'était pas vrai.

Cela dit, je n'allais pas non plus adhérer à tous les délires de Garance sous prétexte qu'on ne m'avait pas crue !

9.

J'ai littéralement dû traîner Garance jusqu'au réfectoire alors que ça se voyait bien qu'elle était affamée, et j'ai vite compris que nous étions très loin de l'ambiance hôtel club.

Là-dessus, il n'y avait aucun doute possible !!!

Une très grande salle carrelée avec une dizaine de tables rectangulaires en plastique beige et des chaises en bois.

On a suivi le mouvement, pris un plateau et le nécessaire pour manger. Puis en attendant notre tour dans la file, j'ai observé les autres.

Une soixantaine de personnes dont une très grosse majorité de femmes de tous âges et de toutes nationalités. Il y avait celles qui avaient un air triste et fatigué, et celles qui se montraient épanouies (genre ma mère).

Tous ces gens étaient assez lents dans leurs mouvements, comme s'ils avaient été shootés aux somnifères alors qu'ils étaient simplement shootés à la « spiritualité » intensive.

Certaines femmes avaient l'air super jeunes et j'ai croisé les doigts pour ne pas avoir besoin d'un tel séjour à vingt-cinq ans !

En même temps, la seule chose positive avec ma mère, c'est qu'elle m'a tant de fois plongée (elle dirait « immergée ») dans ce genre d'ambiance que je crois que je n'en aurai pas besoin avant longtemps et peut-être même jamais !

Dans ce réfectoire, le plus étonnant était le silence. On entendait uniquement le bruit des couverts parce que soit les gens murmuraient, soit ils se taisaient. Certains étaient totalement concentrés sur leur assiette. Ils étaient dans « l'ici et maintenant ». C'est-à-dire dans le temps présent : entièrement dévoués à ce qu'on fait au moment précis où on le fait. Quand ils mâchaient, ils mâchaient en se concentrant sur leur mâchoire. Quand ils buvaient, ils se concentraient sur le liquide qui passait de leur bouche à leur glotte. Quand ils se passaient la corbeille de pain, ils acquiesçaient d'un petit signe de tête pour dire merci. Genre « on ne parle pas pour ne rien dire ». Et quand ils attendaient leur tour pour se servir, ils étaient concentrés sur leur attente, en silence *of course*.

Au fond de la salle, un groupe d'une dizaine de participants avait même fait vœu de silence. Une large étiquette sur leur table l'indiquait. C'était limite angoissant... quasi début d'un film gore ambiance secte.

Au menu, du pur végétalien : légumes cuits, soupe, fruits, graines semi-complètes et galettes de céréales sous toutes leurs formes. Aucune matière animale. Ni œufs ni fromage (dommage, j'adore le paneer, un fromage indien fait à base de lait cru de bufflonne). Comme boisson, de l'eau ou de la tisane.

Garance a croqué dans une galette de maïs.

– Wouah, trop bon !

Immédiatement les gens se sont retournés vers elle avec un regard de reproche. Pas un gros reproche, mais genre « ici, on s'extasie en silence ».

Ça n'a pas eu l'air de la perturber, elle a murmuré un *sorry* tout en leur lançant un large sourire avant de glisser quatre galettes dans son assiette. C'était rassurant : sa déprime ne semblait pas lui avoir noué l'estomac plus que ça.

Munies de notre plateau archi rempli (enfin, par rapport à celui des autres qui semblaient à peine picorer), on a cherché à rejoindre maman. Quand elle nous a aperçues, elle a esquissé un petit signe de la tête en nous désignant une autre table. Avec Garance, nous avons compris : les jeunes ne mangeaient pas à la même table que les vieux qui avaient peur que les jeunes ne les perturbent dans leur « ici et maintenant » !

À la table indiquée se trouvaient les deux seuls autres représentants de la jeunesse : le garçon de quinze ans et sa sœur âgée de cinq évoqués par maman.

Visiblement, les autres parents avaient compris que ce n'était pas un lieu pour les enfants. Ils venaient sans. Ils faisaient la distinction entre leur devoir de parents et leur *besoin* spirituel. J'ai éprouvé à nouveau un sentiment de colère envers ma mère.

Revenons aux deux représentants de la jeunesse.

Lui, ce n'était pas du tout mon genre. Encore un qui avait oublié de grandir, mais pas les boutons de pointer sur son front. Cela dit, je n'avais pas les moyens de faire la difficile. Il avait une petite sœur et si je ne voulais pas subir une Garance déguisée du matin au soir en maîtresse en train de me maltraiter et de me fesser devant toute la classe (comme si son institutrice faisait ça, enfin passons, Garance fait dans l'enseignement début du siècle dernier avec règle sur les doigts, bonnet d'âne et punitions multiformes), valait mieux que le contact passe bien entre nous et le plus rapidement possible.

– Hello, tu t'appelles comment ? j'ai murmuré d'un ton ultranaturel en anglais.

– Jésus, et toi ?

Ça commençait bien ! Si j'avais un tel prénom, j'aurais directement imposé un surnom.

– Nina. T'es d'où ?

– De Madrid, mais on habite Bruxelles depuis trois ans.

– Tu parles français ?

– Oui, ma sœur aussi. Elle s'appelle Zaouïa.

Je suis toujours étonnée par la facilité avec laquelle je communique avec les garçons qui ne me font aucun effet.

Alors pourquoi si je l'avais trouvé beau, j'aurais été pétrifiée et j'aurais attendu que Garance fasse le premier pas ? Elle est très douée pour cela. En principe, quand on passe à côté d'un beau gosse, elle dit bien fort : « Mais pourquoi tu ne vas pas le voir si tu le trouves beau ?! »

Généralement je deviens toute rouge et j'ai envie d'étrangler la Naine !

On a commencé à manger et aussitôt Garance a parlé avec la petite fille en français, très bas. Et quand Zaouïa haussait le ton, Garance lui faisait « chut » avec un ton de doux reproche, genre la mamie qui gronde par obligation. Chaque fois qu'elle se retrouve avec des petits, elle fait sa grande, évidemment la grande hyper gentille qui existe uniquement quand on est la grande par intermittence !

Oui, Garance adore les plus jeunes qu'elle parce qu'elle ne sait pas ce que c'est réellement. Elle supplie maman de lui faire une petite sœur. Maman a quarante-huit ans, ce qui rend le souhait irréalisable, et de toute façon elle précise toujours que même si elle en avait dix de moins, elle ne ferait pas un troisième enfant. Il paraît que deux enfants à élever, c'est déjà épuisant. Sympa pour nous !

Bref, Garance était donc déjà en boucle sur la petite et la petite sur elle, et moi j'ai posé au « Messie » qui me faisait face l'unique question qui m'obsédait depuis que j'étais entrée dans ce lieu :

– Y a un réseau wifi ici ?

Il a eu un sourire qui ne m'a pas plu du tout. Un genre de sourire méprisant qui vous donne le sentiment d'être une débile, et pas n'importe laquelle, celle qui se la joue un maximum, la pouffe, quoi !

Il continuait de sourire comme si je lui avais demandé où était le Starbucks Café le plus proche de l'ashram.

Alors j'ai rectifié, énoncé l'opposé de ce que je voulais signifier quelques secondes avant.

– Pas dans l'ashram, je voulais dire une connexion en ville.

– C'est pas une ville, même s'il y a deux cent mille habitants. Parce que, en Inde, le moindre gros village a cette population, il m'a rétorqué en français.

J'étais vraiment mal. Non seulement c'était le seul jeune dans les lieux, mais en plus celui qui sait tout, chiffres en main. Un premier de la classe.

Attention, pas celui archi sympa que j'ai dans ma classe et qui est capable de dire à la prof de maths que c'est lui qui parle alors que c'est moi. (Les profs lui pardonnent tout, même ses bavardages, il est tellement intelligent et poli, si doué !) Plutôt le premier qui, lorsque vous avez oublié votre livre de cours et que vous avez la malchance d'avoir été placée à ses côtés parce que dans l'ordre alphabétique il vous précède ou vous suit, refuse de poser son livre entre lui et vous, et vous regarde façon « la prochaine fois, t'oublieras pas tes affaires ».

– Faut que tu te rendes compte qu'ils sont quand même plus d'un milliard d'habitants. Le deuxième État le plus peuplé de la planète, et comme ils font plus d'enfants qu'en Chine, on estime que dans trente ans les Indiens auront la plus forte population du monde.

Jésus n'en finissait pas d'étaler son savoir. S'il croyait me séduire, c'était raté.

En plus, il parlait le français avec juste un vague accent espagnol, et à coup sûr il devait aussi parler l'anglais super bien.

Du style « je viens d'avoir quinze ans mais je suis parfaitement trilingue, et l'an prochain je me mets au portugais parce que le Brésil c'est l'avenir, et je continue le latin et le grec parce que ce sont nos origines et que c'est important pour avoir une approche intelligente des langues. Et puis comme on va souvent en Inde avec ma mère, je suis en train d'apprendre le hindi ! ».

Bref, dix-huit jours ici : impossible de me le mettre à dos.

Je devais prendre sur moi mais pas non plus me laisser mépriser. Je devais marquer mon territoire, lui montrer que j'étais juste un peu blonde mais pas encore totalement platine !

– Est-ce que par hasard, pour les deux cent mille habitants de ce gros village qui a la population d'une grande ville française sans son agglomération, il y aurait une connexion Internet ? j'ai demandé sur un ton neutre.

– Y a une dizaine de boutiques, mais ce n'est pas du haut débit, ça coupe souvent, tu peux juste relever tes messages, pas discuter en ligne.

J'ai croisé son regard et j'ai eu une vision cauchemardesque : deux groupes bien distincts. Eux trois ensemble (visiblement, le courant passait avec Garance) et moi toute seule devant un réseau Internet empêchant tout véritable lien avec mes amies, c'est-à-dire avec ma vie.

Ma vision s'est révélée exacte. Dans les minutes qui ont suivi la fin du déjeuner, Jésus a disparu de ma vue et ma sœur n'a même pas daigné me regarder. Elle avait Zaouïa. Alors je me suis promenée lentement dans les couloirs, mobile à la main, à la recherche de mon trésor : une barre de réseau pour envoyer quelques petits messages.

En face de la réception, j'ai découvert un large tableau intitulé *Yoga Vacation* qui indiquait l'emploi du temps des participants. 5 h 30 : réveil. 6 heures : méditation puis chants religieux. Deux heures de yoga le matin et l'après-midi avant les deux repas uniques de la journée : 11 heures et 18 h 30. (Nous n'avions donc pas raté le petit déjeuner : il n'y en avait pas !) Entre les repas, des pauses infusion. Après le repas du soir, atelier d'étude sur les philosophies orientales avant une dernière petite méditation. Extinction des feux : 22 h 30.

Il était précisé que la participation à toutes les activités était nécessaire au bon déroulement du séjour, ainsi que le respect des horaires.

Par ailleurs, les résidents étaient invités à prendre part aux différentes tâches collectives, ménage, entretien, etc. Il n'y avait aucune obligation, mais on rappelait quand même en gros caractères que l'aide spontanée et désintéressée développe le langage du cœur. J'imaginais mal comment passer la serpillière pouvait développer mon langage du cœur et j'ai juste croisé les doigts pour que ça développe un peu celui de ma mère.

Puis j'ai souri en regardant de nouveau le mot « *vacation* ». Sans doute un trait d'humour...

La seule bonne nouvelle depuis que nous avions atterri ici, c'était que je n'allais croiser ma mère qu'une demi-heure avant l'extinction des feux et le vendredi, jour de repos de l'ashram.

Mais bon, être libre de mes mouvements était une chose, leur trouver une occupation ici relevait de la performance !

Sur un autre tableau, il était rappelé que la consommation de viande, poisson, œufs, alcool, cigarettes, thé noir, café et drogue était prohibée.

J'ai illico imaginé un burger frites avec mayo et ketchup – un burger agneau et pas bœuf puisqu'en Inde la vache est sacrée et donc non comestible.

Il était aussi souligné que l'usage du mobile était strictement interdit dans l'enceinte de l'ashram, et vivement conseillé de mettre à profit ce séjour pour couper avec le quotidien.

Sauf que moi je persiste et signe : J'ADORE *mon* quotidien avec mes amies. Et j'étais bien décidée à parcourir toute la propriété dans l'espoir de trouver un peu de réseau. C'est à ce moment-là que j'ai aperçu un autre petit tableau intitulé *Yoga Vacation Children*. Jusqu'à seize ans, les enfants devaient suivre le programme proposé et encadré par Karen. Sans exception. Et ne pas entraver le déroulement de ce programme par un comportement bruyant. J'ai cru que j'allais hurler. Ma mère ne m'avait rien dit. Or, elle ne pouvait pas ne pas savoir. Je suis partie à sa recherche et je suis tombée nez à nez avec Karen qui justement me cherchait.

– Nina, nous t'attendons.

– Je ne fais pas de yoga. J'ai horreur de ça.

– Il n'y a pas que du yoga.

– Ça ne m'intéresse pas.

– Nina, nous t'avons laissée dormir avec ta sœur ce matin pour te remettre du voyage, mais tous les matins et les après-midi tu dois pratiquer avec nous. Enfile une tenue dans laquelle tu es à l'aise et rejoins-nous dans la première petite salle sur la gauche après la réception.

J'ai maudit ma mère encore un peu plus.

10.

Zaouïa, Garance et Jésus étaient assis en lotus (ma mère le dit en sanskrit, « *padmasana* ») et en demi-cercle face à Karen qui m'a indiqué une place avant de me dire :

– Nina, présente-toi en quelques mots aux autres.

– C'est bon, ils me connaissent.

– Arrête de faire ta belle, a coupé Garance. Moi aussi tout le monde me connaît et je me suis quand même présentée.

Évidemment, Jésus a esquissé un sourire complice à l'adresse de Garance, l'air de dire : « Ma pauvre, tu subis ça tous les jours... »

– Nina, nous t'écoutons, a relancé Karen.

– Je m'appelle Nina. J'ai quinze ans depuis un mois. Je ne voulais pas venir ici, mais ma mère ne m'a pas demandé mon avis et ne m'a surtout pas prévenue que je serais obligée de participer, parce que sinon j'aurais tout fait pour rater l'avion.

Je me suis tue et il y a eu un long silence. Visiblement, Karen attendait pour me laisser poursuivre, mais je n'avais plus rien à dire. Alors elle a pris la parole et expliqué que nous aurions trois heures d'atelier par jour, deux heures le matin (yoga, respiration et méditation) et une heure le soir (respiration et chant).

J'étais archi déprimée alors que Garance s'écriait :

– On va chanter, j'adore chanter !

– Nina, peux-tu exprimer ce que tu n'aimes pas dans la pratique du yoga ?

– Karen, est-ce que tu aimes le roller ?

– Pas plus que ça.

– Moi j'adore ça et je peux en faire toute la journée, mais si je t'obligeais toi à faire du roller trois heures par jour, peut-être que tu aimerais ou peut-être que tu détesterais encore plus.

– Je crois que dans tous les cas, Nina, je respecterais l'enseignante qui essaie de me faire aimer le roller et les autres participants qui attendent pour commencer le cours.

Voilà ! Encore une fois je me retrouvais dans le rôle de l'emmerdeuse.

Alors j'ai obéi (ma mère dit « obtempéré ») et j'ai croisé les jambes comme les autres. Enfin pas vraiment et même pas du tout parce que s'asseoir en lotus signifie croiser les jambes et faire que la plante des pieds tournée vers le ciel se retrouve en appui sur la cuisse opposée. Or moi je ne pouvais même pas caler mon pied sur le mollet opposé mais juste croiser et replier mes jambes devant moi. En tailleur. Et même ainsi, je sentais que je n'allais pas tenir très longtemps. Effectivement, au bout de dix minutes d'exercice, j'ai commencé à avoir des fourmillements dans les pieds et à ressentir une violente douleur en bas du dos. Alors que pendant ce temps-là la douce voix de Karen nous demandait de nous détendre et d'observer le chemin de notre souffle, comment parfois il partait du ventre, ou de la poitrine, ou de la bouche...

Et plus Karen nous invitait à nous installer confortablement dans cette position naturelle et dans le moment présent, et plus j'avais envie de lui souligner : « Mais putain comment veux-tu que je sois confortable dans cette position qui est tout sauf confortable, et comment oses-tu dire que c'est une position naturelle ?! »

C'est vrai que tous les matins je me dis : « Allez, Nina, et si on se faisait un petit « *padmasana* » pour commencer la journée, c'est tellement naturel ! »

Ça l'était peut-être pour les Indiens, mais pas pour moi.

J'avais MAL. La sensation qu'une fourmilière entière circulait dans mes jambes.

Karen a dû percevoir mon cauchemar, car elle m'a rejointe, m'a légèrement fait basculer en avant pour me décoller les fesses du tapis et me caler un petit coussin de méditation dessous.

Elle avait eu pitié, en tout cas intégré que j'étais raide comme un piquet, et m'a chuchoté :

– Si tu as besoin de t'allonger parce que tu as trop mal, tu t'allonges.

J'ai acquiescé mais je ne voulais pas lâcher la posture alors que les trois autres tenaient bon. Juste quand j'allais craquer, Karen nous a demandé de basculer en avant et de passer dans la posture de l'enfant pour nous relaxer.

Mais le cauchemar n'était pas terminé. Maintenant il fallait chanter, c'est-à-dire répéter en rythme les mots de sanskrit débités par Karen et qu'elle rythmait par des sons de clochette. Garance et Zaouïa s'éclataient.

Pas Jésus qui a d'ailleurs habilement prié Karen de traduire ce que nous devions répéter (comme quoi le petit génie en mathématiques n'était pas si *premier de la classe* que ça quand il s'agissait de sauver sa peau d'un ridicule annoncé) et la fin du cours est arrivée avant que nous ayons à rechanter.

– Alors Nina, ça va ?

J'ai regardé Karen :

– Super ! J'ai juste mal partout alors que j'avais mal nulle part... Tu peux m'indiquer le café Internet ?

– Jésus, tu peux accompagner Nina au café Internet, s'il te plaît ?

– Pas la peine, Karen, je vais me débrouiller, faut juste m'expliquer où c'est...

– Nina, ce n'est pas loin, mais c'est mieux que Jésus te montre.

– Je te dis que c'est bon...

– Nina, c'est compliqué à trouver la première fois et puis... ne t'attends pas à un café Internet comme à Paris !

Karen comme Jésus me prenaient pour une débile, ça commençait à devenir vexant !

11.

J'ai donc suivi mon « guide », Jésus (humour facile je sais, mais pourquoi se priver !), heureusement que le cœur de ce gros village était bruyant parce que lui et moi n'avions visiblement pas grand-chose à nous dire.

J'ai quand même tenté un :

– T'aimes bien cette ambiance ?

Il a haussé les épaules comme si le fait de répondre lui demandait trop d'effort.

Je me suis concentrée sur le décor. Il n'était pas que bruyant, il était aussi grouillant. Entre la quiétude de l'ashram et le brouhaha de la rue, c'était une autre planète. Dans l'un on avait la sensation d'être hors du monde, et dans l'autre d'être dans « trop de monde », cerné par trop de gens, trop de bruits, trop de tout. Même dans les couleurs des saris, ça éblouissait de partout.

À pied il fallait être vigilant, jongler entre les vélos, les deux et trois-roues à moteur soulevant une poussière qui piquait la gorge et les yeux, les vaches, les chiens, les cochons, les singes et autres bestioles de toutes sortes.

C'était un enchevêtrement de rues et de ruelles bordées de maisons plus ou moins finies et endommagées avec des centaines de câbles électriques dans tous les sens.

Des lits, sorte d'estrades en bois avec matelas, étaient posés devant certaines maisons, comme si la place manquait à l'intérieur. C'était peut-être le cas. Des hommes, femmes et enfants y étaient allongés. Certains semblaient dormir, malgré le bruit et la poussière.

Il y avait des tas d'échoppes. Des dentistes de rue, des coiffeurs, des manucures, des couturiers, et des tas de marchands de fleurs, de colliers, d'horoscopes, de parfums, de tissus. Certains marchands avaient juste un vélo boutique, comme deux grandes ailes déployées sur lesquelles étaient accrochés des centaines de bijoux fantaisie, des bâtons d'encens, des savons, etc.

J'ai retenté un contact avec Jésus à l'aide d'une vraie phrase constituée de vrai vocabulaire puisque, visiblement, j'avais affaire à un petit intello :

– J'ai souvent rêvé de l'Inde mais je ne voyais pas les choses comme ça, c'est à la fois beau et désolant.

Immédiatement Jésus a enchaîné sur l'Inde mais façon exposé géopolitique avec tout un tas de chiffres.

– Rassure-moi, j'ai dit en plaisantant, t'as révisé avant de venir pour m'impressionner ou t'es toujours comme ça ?

– Et toi, t'es toujours aussi chiante ou c'est juste avec moi ?

Bonjour l'humour ! J'ai préféré ne rien répliquer. On a continué en silence et lorsque nous sommes arrivés devant le café Internet, j'ai juste dit :

– Merci de m'avoir accompagnée.

– Faut que je t'attende ou tu sauras rentrer ?

– Je saurai me débrouiller, salut !

Il n'a pas insisté et a disparu dans la masse de gens, de vélos, d'animaux, de couleurs, de bruits et d'odeurs. La masse de trop de tout. Et moi j'ai poussé la porte du café Internet.

En fait, c'était une boutique minuscule pourvue de cinq énormes ordinateurs (façon époque des débuts de l'électronique), de centaines de câbles de toutes grosseurs et à la fonction plus qu'improbable, avec dans un coin une cascade d'écrans et d'imprimantes démontés et sans doute destinés à être vendus en pièces détachées. Le patron était un petit homme menu et souriant.

– Bonjour, je peux m'installer devant un ordinateur, ça marche ?

Il a dodeliné de la tête de gauche à droite, mais en laissant son visage face à moi. Alors j'ai répété :

– Je peux ?

Re-dodelinement. Je ne me suis pas installée parce que pour moi son dodelinement signifiait plutôt « non, tu ne peux pas », et j'ai mis un certain temps à intégrer que quand il dodelinait ainsi, cela signifiait pas tout à fait « oui » (comme quand nous on acquiesce avec un hochement de haut en bas) et pas tout à fait « non » (comme quand nous on refuse avec un hochement de droite à gauche). En fait, son dodelinement signifiait un truc entre « oui » et « non », quelque chose comme « ça va aller, sans doute, mais j'en sais rien, peut-être que non et peut-être que oui ».

J'ai donc fini par m'asseoir devant un des ordinateurs même s'il n'était pas certain que ça marche et je me suis immédiatement connectée sur Facebook et Messenger. Ça a fonctionné très lentement mais ça m'a fait un bien fou de constater que mes amies étaient trop contentes d'avoir de mes nouvelles et que je leur manquais, même s'il était impossible que je leur manque comme elles, elles me manquaient.

Évidemment, Internet s'est arrêté brutalement. J'avais quand même eu trente minutes de réseau en continu, et le patron m'a dit :

– *Very lucky, very, very lucky !*

J'étais surtout *lucky* car j'avais trois barres de réseau téléphonique et que du coup j'ai inondé mes copines de textos, mais je n'ai pas pu appeler mon père par Whatsapp, car ici il n'y avait pas la wifi. J'ai repensé à ma voisine dans l'avion : « *Sweetie*, le moindre petit village est câblé, meilleurs ingénieurs, les Indiens, meilleurs programmateurs, les Indiens, le monde entier veut nos techniciens informatiques ! »

En attendant qu'Internet redémarre, j'ai remarqué un très vieux réfrigérateur rempli de sodas et de barres chocolatées et une cafetière électrique, ce qui sans doute justifiait l'appellation « café ».

– Je peux me servir ?

Re-dodelinements de la tête.

J'ai pris de la limonade au *ginger* et une barre chocolatée et j'en ai acheté deux autres parce que je le sentais, on n'allait pas prendre des kilos à l'ashram !

Internet est revenu et j'ai skypé mon père. Je lui ai raconté l'ashram et mon cours avec Karen. Il a bien rigolé car il connaît mon manque de souplesse légendaire qu'il m'a généreusement légué !

Puis de nouveau plus de réseau. De toute façon, la cloche du dîner n'allait pas tarder à retentir et j'ai dit au patron que je reviendrais, j'étais à l'ashram pour quinze jours.

– Very lucky, very lucky, ashram very good place, very good, I love ashram ! Good people, very good people.

Quand j'ai dit au patron que j'y étais avec ma mère et ma petite sœur, il a absolument voulu m'offrir pour elles un sachet de ces minuscules bonbons/épices qu'on grignote à la fin des repas indiens.

J'ai dodeliné de la tête et il a re-dodeliné de la tête, et je suis repartie en direction de l'ashram. Il y avait moins de un kilomètre mais j'avançais à pas de fourmi, car la foule était encore plus dense, sans doute l'heure où les villageois faisaient leurs dernières courses avant de rentrer chez eux.

Les gens me souriaient, je leur souriais, nous étions au pays du sourire...

12.

En entrant dans l'ashram, j'ai croisé ma mère et son visage épanoui. Vraiment épanoui. Comme si elle avait été liftée dans l'après-midi.

– Alors, Nina, cette première journée, ça va, tout se passe bien ?

– Super, j'ai des tas d'amis et des tas d'activités qu'une fille de quinze ans adore faire !

– Un des enseignements du Bouddha souligne que : « Tout bonheur en ce monde vient de l'ouverture aux autres et que toute souffrance vient de l'enfermement en soi-même »... Réfléchis à cela, Nina. Essaye de comprendre. Tu ne peux pas t'ouvrir un peu, t'adapter ?

– Val, tu peux me dire pourquoi c'est à moi de m'ouvrir et de m'adapter, et pas à toi ? T'adapter aux désirs d'une fille de quinze ans... Tu vois ?

Son visage é-pa-nou-i a marqué une légère mais certaine irritation.

– Arrête de m'appeler Val, je ne suis pas ta copine.

– Ça, c'est sûr, jamais j'aurais eu une copine comme toi !

Elle m'a jeté un regard du genre « change un peu de refrain, tu me fatigues, tu ne mérites pas tous les efforts que je fais pour toi » et je me suis dit, ce qui est certain c'est que le yoga ne lui a pas encore enseigné la posture « remise en question », peut-être à la fin du séjour, qui sait...

À ce moment-là, une espèce de petit lutin au visage d'ange et aux cheveux courts, rouges de henné, l'a rejointe.

– *¿ Tu hija mayor ?*

Ma mère a acquiescé et le lutin qui m'arrivait à la poitrine m'a attrapée dans ses bras et serrée contre elle comme si on se connaissait depuis toujours et qu'on ne s'était pas vues depuis mes premières dents de lait. Avec un débit ultrarapide, elle m'a lancé :

– *¡ Qué guapa ! Encantada. Me llamo Pilar, soy la madre de Jésus et Zaouïa. ¡ Qué guay aquí !*

Elle a poursuivi en français (ma mère lui ayant précisé que l'espagnol, pour moi, ce n'était pas gagné) sur l'énergie de l'ashram et l'énergie du gourou et l'énergie de l'Inde et l'énergie du village.

C'était à croire qu'elle n'avait qu'un seul mot à la bouche, « é-ner-gie », qu'elle prononçait en espagnol et en détachant chaque syllabe « *e-ner-gí-a* ».

– Tu sais, *guapa*, quand tu rentreras en France, tu ne seras plus la même !

Ça c'était certain ! Je me serais tellement ennuyée ici que tout me paraîtrait *fine, wonderful, so brilliant*, même les cours de maths m'éclateraient. Rien que de voir des personnes de mon âge intéressées par les mêmes choses que moi me ravirait totalement, moi aussi je connaîtrais alors l'extase !

Plus Pilar parlait, plus j'avais une pensée émue pour Jésus. Pas étonnant qu'il soit super *space* avec la mère qu'il avait ! Encore plus perchée que les plus perchées des « nouvelles » copines de ma mère.

Pilar donnait la sensation de ne jamais être revenue de son premier voyage en Inde dans les années 1970 où elle était en train de naître.

À côté d'elle, même ma mère semblait bien normative.

– *Cariño*, tu es ce que tu respires...

J'ai préféré couper sur l'« *e-ner-gí-a* » et lui ai assuré que Jésus et Zaouïa étaient super sympas et que j'étais ravie d'être là. Ma mère m'observait, légèrement perplexe, se demandant sans doute où autant d'hypocrites paroles allaient me mener ?

Heureusement, la cloche pour le dîner a sonné et tout le monde s'est dirigé vers le réfectoire.

Finalement, le seul aspect positif de l'ashram, c'est que c'était tellement répétitif qu'on n'allait pas se tromper souvent d'emploi du temps.

Beaucoup plus simple que les semaines A et B du collège qui finalement te donnent toujours une bonne excuse pour rater le cours du lundi matin !

Au réfectoire, en suivant la file silencieuse, j'ai pensé à ma mère. Faut dire que j'avais le temps de penser, j'avais du temps pour tout !

Oui, j'ai pensé à ma mère et je me suis demandé pourquoi elle avait voulu faire ce voyage avec nous. Pourquoi elle avait voulu des enfants, et de façon générale pourquoi la grande majorité des adultes désirent des enfants alors que dès qu'ils en ont, ils se plaignent en boucle.

Quand les enfants sont petits, les parents se plaignent des nuits trop courtes et des frais de garde. Quand les enfants sont grands, les parents se plaignent de leur prédisposition à remettre toujours au lendemain (sauf s'il s'agit de faire la fête) ce qui devrait être fait le jour même (ma mère appelle ça « la procrastination »). Puis les enfants deviennent des adultes qui ne posent plus de problèmes, les petits-enfants arrivent, et là, c'est la joie totale.

Un parent doit donc attendre en moyenne trente ans pour commencer à partager des bons moments avec un gosse.

Bref, j'ai rempli mon plateau-repas, de nouveau des galettes mixées à toutes sortes de légumes et parfumées avec tout plein de senteurs. Là aussi, c'était un peu répétitif, mais ça sentait super bon.

Je me suis installée à la table « enfants ».

Garance m'a fait un grand sourire. Elle était la star de la petite Zaouïa, et visiblement elle adorait ça. Je me suis assise en face de Jésus et je me suis dit : « Nina, fais un effort, lui aussi il est en galère avec sa mère, ça vous fait au moins un point commun. »

J'ai esquissé un sourire. Il ne m'a pas répondu. Apparemment, il n'avait pas envie de partager quoi que ce soit avec moi, alors je me suis de nouveau motivée, en me répétant : « Tente une autre approche, ce mec ne t'a rien fait. Il est juste plus cultivé que toi. Il kiffe les x et les y et pas toi. C'est tout ! » Et j'ai murmuré :

– J'ai rencontré ta mère.

Aucune réaction.

– J'ai rencontré Pilar, ta mère.

– Je sais que ma mère s'appelle Pilar !

Quel taré ! J'avais fait le premier pas vers lui et il m'envoyait balader, il pouvait toujours attendre pour que je retente un rapprochement.

J'ai mangé rapidement et en silence, ce qui de toute façon était recommandé (au moins, l'avantage, c'est que quand personne ne vous parlait vous n'aviez pas l'air de la paumée du coin, alors qu'à la cantine c'est la loose totale).

Puis je me suis levée en silence et j'ai évité de croiser le regard de ma mère qui était collée à la mère de Jésus.

Il était 18 h 45 et j'ai suivi les flèches qui indiquaient « Salle de lecture », le seul « loisir » autorisé dans l'enceinte de l'ashram.

J'ai croisé Zaouïa et Garance qui jouaient à cache-cache et compris que Garance se la pétait un maximum en expliquant à la petite qu'il ne fallait pas courir dans les couloirs et surtout ne pas crier. Elle faisait vraiment la grande en soufflant des « chut » comme les maîtresses de maternelle à leurs élèves. Pas de doute, Garance s'éclatait à fond, autant que ma mère qui nous assurait que les vacances permettaient de se retrouver toutes les trois !

La bonne blague !

Nous étions chacune de notre côté et ça avait l'air idem pour Jésus, sa sœur et sa mère !

13.

La salle de lecture était le seul endroit frais et chaleureux de l'ashram, avec de larges coussins disposés sur de grandes nattes de bambou.

Cela dit il fallait être du genre motivé pour aller fouiner dans les rayonnages garnis d'essais et de documents sur la spiritualité dont pas mal de traductions de textes anciens.

Enfin une bonne nouvelle : plusieurs prises électriques dans tous les coins. J'allais donc pouvoir visionner des films en continu.

La salle débouchait sur un carré de verdure joliment entretenu où, autre très bonne nouvelle, j'avais une barre de réseau téléphonique par alternance, de quoi recevoir et envoyer des textos !

Pas de doute, cet endroit allait être « mon » endroit, et après avoir envoyé des dizaines de textos, j'ai foncé dans ma chambre pour récupérer mon ordinateur.

Quand je suis revenue dans la salle de lecture, Jésus y était installé, écouteurs sur les oreilles et ordinateur devant les yeux. Il m'a lancé un vague regard sans expression avant de refixer son écran et je suis partie m'asseoir à l'autre bout de la salle. On a passé la soirée ainsi, sans se parler mais dans la même pièce.

C'était vraiment ridicule et déprimant.

À 22 h 15, la cloche a retenti, tout le monde s'est dirigé vers sa chambre, et à 22 h 30 les lumières se sont éteintes.

J'entendais Garance qui chuchotait, racontait sa journée à maman, la remerciait car elle s'amusait trop bien et la qualifiait de super maman. J'ai senti que mes larmes coulaient, j'ai croisé les doigts pour qu'au matin je me réveille chez moi, dans ma chambre, que tout cela ne soit qu'un cauchemar, mais malheureusement c'était bien la réalité. La mienne...

Je crois que le lendemain, en arrivant au cours de yoga, j'avais encore les yeux humides. En tout cas, je me sentais plus nulle que jamais.

Les jours suivants ont été identiques.

Ma mère avec Pilar.

Garance avec Zaouïa.

Jésus, seul.

Moi, seule.

Mon unique bon moment se passait au café Internet et il durait en moyenne trente minutes en continu.

Parfois, j'attendais une heure que ça revienne et le patron me racontait des tas d'histoires de politique indienne auxquelles je ne comprenais rien, et j'inondais mes copines de SMS tout en mâchonnant des barres chocolatées.

Je m'étais résignée à l'échec complet de mes vacances au pays merveilleux quand enfin, un matin, Karen nous a annoncé que c'était jour de marché dans la grande ville voisine. Elle était chargée de certains achats et elle réduisait notre cours de yoga.

– Ceux qui veulent peuvent venir avec moi !

Évidemment, j'ai sauté sur l'occasion de sortir de l'ashram. Garance et, bon, Jésus aussi...

Zaouïa était hors jeu. Clouée au lit avec un sérieux mal de bidon après avoir exagéré sur les jus de fruits frais malgré les sages conseils de son grand frère – et non pas ceux de sa mère qui assurait que le corps sait ce dont il a besoin : le corps de Zaouïa avait donc eu besoin de se vider !

Karen était ravie que nous voulions tous l'accompagner.

Karen est toujours ravie.

Karen aime tout le monde.

Nous sommes montés dans une espèce de pick-up. Par chance, Jésus s'est installé sur la plate-forme arrière et Garance et moi sur le siège avant.

Cette fois-là, j'ai compris que Karen avait la fibre « guide touristique ». Elle adorait ce pays et tenait à nous faire partager son enthousiasme. Elle racontait l'Inde et chacune de ses phrases était ponctuée de *wonderful*, de *nice* et de *great*.

Karen était du genre exalté et elle parlait tout en abreuvant les piétons de saluts.

Tout le monde connaissait la géante au crâne rasé et semblait l'apprécier !

Karen adorait ma légère pointe d'accent français *so cute*, mais en revanche trouvait *so pity* que je ne veuille pas réellement expérimenter le yoga et elle s'est lancée dans une longue explication sur les bienfaits du yoga et de la méditation.

– Non mais, Karen, franchement, t'as vu mon niveau ? Je suis totalement raide, et comme dit ma prof de gym au collège, le muscle ça peut se gagner facilement, mais corriger la raideur, ça prend des années.

– On s'en fiche que tu y arrives ou pas. C'est pas une compétition. C'est toi par rapport à toi. À partir du moment où tu pratiques une posture, quel que soit ton niveau, tu es dans la posture.

Elle parlait exactement comme les nouvelles copines de ma mère qui en fait sont toutes jalouses des débutantes qui après seulement quelques mois de pratique exécutent toutes les postures – je les entends dire : « Mais oui, elle est trop souple, du coup elle ne sent pas la posture, tout le chemin qui t'emmène à la vraie posture. »

Même si Karen ne me comprenait pas vraiment, je l'ai laissée continuer car c'était la personne la plus sympathique que j'avais rencontrée dans l'ashram. Une vraie gentille ! En même temps, je ne peux pas dire que j'avais eu beaucoup de liens avec les autres adultes. Ils nous toléraient aimablement mais n'étaient pas là pour sympathiser avec les enfants que deux mères frappadingues avaient décidé d'amener dans leurs bagages !

Donc j'ai laissé Karen se répandre sur les bienfaits du yoga et de la méditation sans lui rétorquer que depuis que ma mère les pratiquait, elle ne semblait pas plus zen.

J'ai souri en pensant à mon père, parce que lorsque je lui dis ça, il me répond en rigolant qu'il n'est pas d'accord, que je ne me souviens pas comment elle était avant.

14.

Dans le marché, les gens se comptaient par milliers, ils se pressaient et se bousculaient autour de centaines d'étals. Il y avait absolument de tout à vendre : des poulets et coqs en cage piaillant, comme de sublimes soies brodées.

Nous suivions Karen. Elle saluait certains vendeurs, riait avec d'autres. Elle parlait le hindi. C'est l'une des langues officielles dans ce pays immense comme un continent et qui en compte une bonne vingtaine suivant les régions. C'est pour cette raison que pour pouvoir communiquer ensemble les Indiens ont aussi choisi de conserver la langue de leur ancien colonisateur : l'anglais.

Tous les vendeurs semblaient apprécier Karen et plaisantaient avec elle. Peu importaient son crâne rasé et ses tatouages.

Dans la partie du marché dédiée aux fringues et à la petite décoration, j'ai littéralement craqué. Bijoux, lampes, tuniques, ceintures, ballerines, écharpes... j'ai soudain compris tout ce que notre mode vestimentaire avait piqué (ma mère dirait « emprunté ») à l'Inde.

Ma mère m'avait accordé pour ces vacances un budget de roupies équivalant à quarante euros, et en regardant les prix, j'ai su que j'allais exploser le poids alloué par la compagnie aérienne à ma valise.

Garance s'est ruée sur les tatouages non permanents et les bangles à paillettes, et moi, pour mon premier shopping, je me suis limitée à une tunique, une paire de tongs et trois écharpes archi tendance.

La foule était si dense et le bruit si fort que même Garance qui fait toujours sa maligne craignait de me perdre et ne me décollait pas.

Soudain sa petite main a tremblé dans la mienne, et de son autre main elle m'a indiqué un homme :

– C'est lui, Nina, c'est lui.

– Qui, lui ?

– Le géant que j'ai vu à la fenêtre en face de notre chambre, celui qui a jeté la fille dans la pièce.

J'ai observé l'homme. Il avait dans les quarante ans. Immense, une bonne tête et demie de plus que la majorité des autres, vêtu à l'indienne, il faisait ses courses et discutait avec les commerçants.

– Va lui dire que ce n'est pas bien, qu'on ne fait pas ça !

– Garance, je ne peux pas lui dire un truc pareil. Et si tu te trompes et que ce n'est pas lui ? Et puis, qui me dit que tu n'exagères pas, que tu ne délires pas !

– Elle ne délire pas, a coupé Jésus.

J'ai quasi sursauté et presque regardé derrière moi pour être certaine qu'il s'adressait bien à moi. Mais oui. Le génie à chiffres daignait enfin m'adresser la parole. Alors j'ai pris un ton naturel :

– Comment tu le sais ?

– Zaouïa m'a raconté la même chose. Je ne la croyais pas, je pensais qu'elle disait ça pour se rendre intéressante, mais maintenant que Garance...

J'ai fixé Garance. Je connais bien ses talents de persuasion :

– C'est toi qui as mis ça dans la tête de Zaouïa ?

– Non ! Je lui ai jamais parlé de ça, elle est trop petite !

– Elle dit la vérité. Ma sœur m'a parlé du géant et de la fille à la fenêtre avant votre arrivée.

J'ai regardé Jésus.

Il m'a regardée.

Le visage de Garance allait de l'un à l'autre, comme si elle suivait la balle d'un match de tennis.

– Alors on va lui parler ? a-t-elle demandé.

– Oui, t'as raison, on va lui dire : « Hé mec, on t'a vu pousser une fille un peu violemment, sans doute ta fille, c'est pas cool, ça, faut pas recommencer ! »

– Si tu vois et que tu sais et que tu ne fais rien, ça veut dire que t'es complice des méchants, m'a lancé Garance sur un ton carrément agressif. C'est la maîtresse qui nous l'a dit !

– Tu me saoules, Garance !

– Et toi aussi, Jésus, tu es complice.

Il allait répliquer, mais une vague de murmures a parcouru la foule qui s'est scindée en deux lignes, laissant place à un groupe d'une vingtaine de femmes revêtues d'un sari rose fuchsia.

Fières, un bâton à la main, elles avançaient derrière leur chef : une femme de taille moyenne avec un regard clair qui transperçait tous ceux qui le croisaient.

– Qui c'est ? a demandé Garance qui semblait totalement subjuguée.

– C'est Sampat Pal et le Gulabi Gang, j'ai annoncé.

– Correct, Nina. *A great woman*, a souligné Karen en s'approchant avec le pouce levé. *An extraordinary great woman !*

– Nina, tu la connais ? s'est étonné Jésus.

Le gnome à chiffres n'était pas habitué à ce que j'en sache plus que lui, surtout quelque chose de sérieux (ma mère dit « une thématique sérieuse »).

Mais alors pas du tout.

Bon ! Cela dit, je ne vais pas jouer à la fille super cultivée dotée d'une vraie conscience politique et tout et tout ! De toute façon, même si j'essayais de passer pour celle qui lit de « vrais » magazines, je ne tiendrais pas longtemps. En fait, j'adore les revues qui racontent les potins de stars. Je sais, c'est nul, j'assume. Avec Garance, on passe des heures à commenter toutes les photos (en cachette de maman, *of course*) !

Alors si je connaissais Sampat Pal, c'était parce que je n'avais pas pu faire autrement : le professeur d'histoire-géographie, pour la journée de la femme, nous avait raconté son parcours et lu quelques passages de sa biographie.

Ça nous avait secoués !

Une vraie héroïne des temps modernes !

Une guerrière !

La voir là, en vrai, à quelques mètres de moi, c'était irréel et en même temps logique, puisque je me souvenais maintenant qu'elle habitait en Uttar Pradesh.

15.

Grande précision sur Sampat Pal. Elle a dans les cinquante-cinq ans. Femme. Pauvre. Issue de la caste la plus basse, celle des Intouchables.

Petite précision dans la précision : la société indienne est divisée en groupes de personnes appelés castes. On se marie, on travaille et on se fréquente au sein de sa caste. La plus haute caste est celle des Brahmanes ou Prêtres, devant les castes des Guerriers, des Marchands, des Serviteurs et enfin celle des Intouchables qui sont quasiment en dehors de la société et qui se chargent de tous les métiers « sales » que les autres ne peuvent pas faire.

Retour sur Sampat : comme c'est une fille, Sampat n'a pas le droit d'aller à l'école. Alors elle se cache derrière un arbre, écoute les cours que l'instituteur donne aux garçons et apprend à lire en cachette.

À neuf ans, on la marie, et à douze ans, elle part vivre chez son époux qui a trente ans de plus qu'elle.

Ce n'est pas un homme violent mais les autres hommes du village le sont. Chaque jour, des femmes sont humiliées, violées, frappées ou jetées à la rue sans que personne ne réagisse. Un jour, alors qu'une de ses voisines est frappée par son mari sous l'œil impassible des autres, Sampat décide d'agir.

Mais seule, comment faire ?

Seule, elle n'est rien, mais si elles étaient plusieurs, elles seraient une véritable force. Elle s'emploie alors à convaincre ses voisines, et ensemble elles partent voir le mari et lui rendent les coups qu'il a donnés à son épouse quelques jours plus tôt. Elles le font en public et le préviennent : en cas de récidive sur sa femme, elles reviendront encore plus nombreuses.

Œil pour œil, dent pour dent.

Ça fonctionne, le mari ne recommence pas.

Très vite, l'action de Sampat se répand dans la région et des femmes de tous les âges accourent. Sampat décide alors de créer un gang solidaire où chaque personne aidée devra à son tour aider le groupe. C'est comme une chaîne. Et ainsi le gang grossit et devient chaque jour plus fort.

Sampat se met à observer les garçons lors des combats. Il lui semble essentiel qu'une femme connaisse les gestes d'autodéfense les plus élémentaires et elle décide que chaque femme de son gang devra être armée de *lathis* (« bâton » en hindi) qu'on peut fabriquer en taillant une branche de bois.

Elle commence à entraîner son groupe au maniement du bâton.

Puis Sampat estime que la réussite du gang passera aussi par sa force à être vu et reconnu par tous. Identifié de loin. Il faut donc choisir un vêtement commun. Sampat élit la couleur rose fuchsia, la seule qui ne soit pas encore prise par un parti politique, et attribue à son gang le nom de sa couleur : *Gulabi* qui signifie « rose » en hindi.

Un gang de justice pour les femmes humiliées, maltraitées, vendues, violées, un gang qui veut faire respecter les lois, comme celles sur l'interdiction de mariage d'enfants ou de l'abandon des épouses : des lois qui existent sur le plan national mais ne sont que rarement appliquées sur le terrain, surtout en milieu rural, poids des traditions ou négligence de l'administration locale obligent.

Aujourd'hui, plusieurs milliers de femmes armées d'un bâton et vêtues d'un sari rose sont prêtes à réagir à l'appel de Sampat. Et aussi des hommes. Car Sampat ne se trompe pas d'adversaires. Elle n'est pas contre les hommes. Elle est contre les hommes qui exercent de la violence envers les femmes et les enfants. Elle lutte contre la corruption de certains fonctionnaires qui profitent par exemple de l'illettrisme de certains villageois pour leur faire signer n'importe quoi. Et cette violence-là concerne aussi bien les hommes que les femmes.

Sampat répond à l'appel de tous les opprimés, quel que soit leur sexe ou leur âge, et malgré les menaces de mort qu'elle a reçues, elle continue le combat.

Aujourd'hui, elle n'a même plus besoin de frapper. L'arrivée du gang des saris roses dans un lieu suffit généralement à calmer le mari le plus récalcitrant ou le fonctionnaire le plus malhonnête.

Sampat est heureuse de cela. Car même armée de son bâton, elle clame son attachement à la non-violence et sa préférence pour la persuasion par le dialogue.

Avec elle, les opprimés ont la possibilité de combattre, de prendre leur destin en main, de ne plus se soumettre.

16.

À la suite de mon petit exposé, Jésus s'est mis à porter sur moi un regard différent :

– Tu crois que c'est bien de se faire justice ?

J'ai attendu quelques secondes avant de répondre, histoire de bien savourer le moment qui peut-être n'allait pas se reproduire de sitôt. Oui, c'est bien agréable d'être observée comme quelqu'un qui possède un savoir, et surtout ça me changeait !

En général, je ne suis pas vraiment de celles qu'on interroge quand on veut dialoguer sur des sujets sérieux d'ordre social ou politique, et j'ai répondu :

– Même si sur le fond je suis contre le fait que des gens se fassent justice eux-mêmes, là, quand la société dans laquelle tu vis n'est pas capable de faire appliquer les lois votées, alors je suis pour.

– Moi aussi je suis pour elle, s'est écriée Garance qui visiblement était sous le charme de Sampat et de sa tenue, et du coup ne m'en voulait plus de ne pas être allée fracasser la tête du géant.

– Tu as sans doute raison, Nina, a conclu Jésus.

J'ai cru que j'allais m'étrangler. Le génie à dix chiffres après la virgule m'approuvait et je n'ai pas pu m'empêcher de souligner sur un ton qui se voulait ultradétaché :

– Ce n'est pas parce que j'ai l'air superficielle que je ne m'intéresse pas à la cause féministe !

– Au moins, tu sais de quoi tu as l'air !

– Très drôle !

Il m'a souri, et dans son sourire j'ai senti que j'avais gagné un gros point, et que je devais faire attention à ne pas le reperdre illico.

Réfléchir avant de parler !

Je parle toujours trop.

Mais là je n'ai pas eu le temps de gaffer, car Karen nous a entraînés à la suite des guerrières qui venaient de s'arrêter devant l'atelier d'un garagiste.

À l'intérieur du garage, quatre hommes. Un seul semblait intéresser Sampat. Il avait dans les trente ans et aucun signe extérieur particulier. Elle lui parlait en hindi sur un ton dur, son regard perçant ne le quittait pas. J'ai alors remarqué une femme et trois petites filles postées derrière elle.

Karen traduisait pour nous : le mari avait mis dehors ses filles et leur mère car cette dernière était encore enceinte d'une fille. Il assurait que c'était le diable qui l'avait marié à une femme incapable de faire un fils.

J'ai trop eu envie de lui dire : « Hé, mon gars, je suis nulle en SVT mais a priori il me semble qu'en principe c'est le chromosome Y du père qui détermine le sexe masculin de l'enfant et quoi qu'il en soit je te rappelle qu'un bébé se fait à DEUX. »

Sampat a clairement rappelé au mari que s'il refusait de poursuivre la vie commune, il devait leur laisser la maison en attendant que la justice tranche. C'était la loi. Elles ne pouvaient pas rester à la rue. Il a répondu que sa femme devait retourner vivre chez ses parents. La femme a pleuré. Les trois petites filles ne réagissaient pas, seule la plus âgée baissait les yeux, sans doute parcourue par un sentiment de honte alors que c'est son gros bâtard de père qui aurait dû avoir honte !

Sampat a haussé le ton, l'informant que son épouse avait déjà demandé asile à ses parents. Ils avaient refusé, ils n'avaient pas la place, habitant déjà avec les familles de leurs deux fils. Une fille devait vivre avec son mari. Le garagiste a alors élevé la voix : il n'avait pas d'ordre à recevoir d'une femme. Aussitôt, les femmes du Gulabi Gang se sont rapprochées de lui comme pour l'encercler. Il a reculé dans l'atelier, ses trois collègues également.

– Je te donne quarante-huit heures pour réfléchir, en attendant mon gang prendra en charge ta femme et tes filles. Tu as deux solutions : soit tu leur laisses la maison, soit tu reprends la vie commune. Et si jamais tu leur fais du mal, tu auras affaire à nous.

Elle a levé son bâton. Derrière elle, toutes les femmes ont levé le leur.

Elle a fait demi-tour.

Les guerrières se sont alors séparées en deux files pour laisser le passage à Sampat, telle une impératrice, et moi j'ai pris quelques photos, histoire de frimer un peu devant mes amies !

17.

Pendant tout le trajet du retour, il a été impossible de parler d'autre chose que de Sampat.

Garance était en boucle sur elle !

Elle voulait un sari du même rose fuchsia, comme si soudain le rose dragée des robes Disney symbolisait la ringardise absolue.

Seules les Drôles de dames, idoles ultraféminines maniant les arts martiaux comme personne, soutenaient la comparaison.

Pour Garance, Sampat était une sorte de Drôle de dame. Elle portait une robe longue rose fuchsia et frappait les hommes : elle incarnait donc *le rêve absolu*.

Arrivés à l'ashram, on a aidé Karen à tout décharger et comme on avait raté l'heure du déjeuner, Karen nous a entraînés vers les cuisines et on a sauté sur les restes, affamés.

Évidemment, on a reparlé de Sampat, et Garance a saisi

une grande cuillère en bois et s'est lancée dans un combat imaginaire armée de son *lathi*.

En ce qui me concerne, je vénérais aussi Sampat, car grâce à elle Jésus avait changé de regard sur moi.

Réellement.

Pour la première fois, il s'est intéressé à ce que je pouvais ressentir. Une phrase toute simple qui a marqué une vraie rupture dans notre relation :

– Ça t'ennuie vraiment d'être ici ?

– Pas toi ?

– J'ai l'habitude des ashrams...

– On s'en fiche des habitudes, si ce n'est pas nos habitudes à nous.

– Pas d'accord. Si ce n'est pas une habitude, c'est d'autant plus intéressant de connaître.

Là, j'ai pensé que Jésus était l'enfant rêvé de ma mère, que si elle avait pu programmer un bébé, sûr qu'elle aurait commandé un clone de Jésus. Mais je n'étais pas du tout ma mère, alors j'ai répliqué :

– Écoute, je n'ai pas non plus l'habitude de la prison, et perso, je n'ai pas envie de connaître.

Jésus a rigolé et il a traduit notre conversation à Karen qui a aussi rigolé avant de nous annoncer que c'était l'heure de l'atelier et que nous allions avoir une surprise... elle comptait sur notre attention !

18.

La surprise de Karen s'appelait Maître Swamichiri. C'était le gourou de l'ashram, c'est-à-dire le maître, le chef spirituel.

Il y a déjà pas mal de temps, ma mère m'avait expliqué qu'il fallait être vigilant : « Certains gourous sont de grands sages, d'autres sont juste attirés par l'argent, et d'autres encore obsédés par la manipulation, le pouvoir mental. Ce sont les plus dangereux. Leurs fidèles sont prêts à tout pour les « servir »... même prêts à s'immoler ou à se jeter du haut d'une falaise. C'est ce qu'on appelle les dérives sectaires. »

Maître Swamichiri, *dixit* Karen et ma mère, et le patron du café Internet, relevait de la catégorie « grand sage désintéressé ».

Il était très vieux. Il se déplaçait avec un bâton, et à chaque pas on avait l'impression qu'il allait se fracasser au sol. Sa chevelure longue et blanche partait de la partie basse du crâne, puisque au niveau de la moitié haute il était totalement chauve. Sa barbe était tout aussi blanche et longue que ses cheveux.

Il était vêtu de blanc. Veste et pantalon. Pieds nus. On aurait dit qu'il n'était fabriqué que de blanc et de noir, tant sa peau était sombre.

Il avait un regard qui vous donnait la sensation de vous transpercer, de lire à l'intérieur de vous-même. Cependant ce regard était plutôt rieur et jovial que méchant. Pas pour Garance : elle semblait un peu effrayée.

Maître Swamichiri avait beau être très vieux et squelettique, il s'est assis direct dans un *padmasana* parfait en donnant la sensation que ses vieux os s'ancraient dans la terre et pouvaient y rester encore pendant des siècles : j'étais bluffée.

Puis il a parlé de l'ashram et j'ai compris qu'il était le maître en ce qui concernait la méditation et la théorie du yoga, mais que l'enseignement pratique était confié à ses trois disciples enseignants, vêtus aussi de blanc de la tête aux pieds, que j'avais aperçus dans les couloirs ou au réfectoire.

Enfin il s'est adressé directement à nous, nous demandant de dire ce que nous ressentions lors des exercices de méditation, sans intellectualiser, de parler juste du ressenti. Comme aucun de nous trois ne prenait la parole, évidemment son regard pénétrant s'est stabilisé sur moi, m'invitant à m'exprimer.

C'est toujours comme ça. Ça tombe toujours sur moi dans les matières où je rame, et en méditation, c'est comme en mathématiques, je suis plutôt de niveau faible.

Nous sommes restés un long moment à nous observer, lui et moi.

Lui attendait que ma voix résonne.

Et moi je me disais : « Nina, tu as souvent un avis sur tout (en tout cas sur beaucoup de choses), alors fais un effort, trouve un truc à dire. »

Rien ne venait.

Mais alors rien du tout.

Et puis enfin, une idée est arrivée. Il avait demandé de ne pas intellectualiser, pas de souci :

– J'ai ressenti beaucoup de douleur.

Jésus s'est marré – en même temps, c'est souvent le seul effet que je fais aux garçons.

– Nina, l'humour est d'une grande valeur, mais parfois il faut cesser de se cacher derrière l'humour et parvenir à parler du fond de son ressenti.

J'étais maudite ! Même quand je ne me voulais pas ironique, on croyait que je l'étais. J'aurais mieux fait de mentir, de dire un truc comme : « J'ai senti une belle et douce énergie monter en moi. »

J'ai regardé Karen, elle m'observait avec une expression radieuse, comme si la présence du gourou à ses côtés la projetait dans un rayonnement total.

– Mais c'est vrai, c'est ce que j'ai ressenti. De l'ennui et de la douleur. Encore plus de douleur que d'ennui.

Et de nouveau Jésus s'est marré, et le gourou a posé sur moi un regard un peu moins rieur qu'au début.

– Nina, la dérision ne relève pas du lâcher-prise mais de la maîtrise. Profite de ton temps ici pour couper avec tes automatismes... Ici, les gens ne sont que bienveillance et compassion... tout est serein. Peu importe la confession initiale des pratiquants. Ici, tout est amour et douceur.

– Mais je n'essaye pas d'être drôle. C'est vrai, j'ai eu mal, je n'ai aucune souplesse, même bébé, il paraît que je n'arrivais pas à mettre le pied au nez alors que tous les nourrissons le font !

Jésus s'est retenu pour ne pas rire franchement et Garance a soupiré avec son air de première de la classe, du genre « tu déranges le cours, tu nous empêches de progresser ! ». Parfois, elle mériterait des baffes.

Le gourou, lui, continuait de m'expliquer la philosophie de l'ashram, me précisant qu'ici nous étions loin des stéréotypes édictés par le règlement du monde occidental. Pas d'opulence matérielle, de téléviseurs, de spas, de piscines.

J'ai presque failli lui demander si le mince filet d'eau tiède qui coulait dans les douches était voulu pour s'éloigner du confort occidental ou s'il s'agissait juste d'un défaut de plomberie ?

– La matérialité est source de stress, elle est probablement ce qui génère toute la violence et l'inconfort de nos sociétés. Ici, le superflu a disparu, il reste l'essentiel : le non-jugement, l'harmonie, le respect et la tolérance.

Visiblement, lui et moi n'avions pas la même conception du superflu et j'ai fini par aborder un autre aspect de mon ressenti.

– En y pensant bien, je peux dire que j'ai éprouvé de la honte de ne pas arriver à tenir en *padmasana* alors que Garance et Jésus y parviennent, honte d'être toute tordue juste en essayant de rester droite en tailleur et en plus avec un coussin sous les fesses quand Jésus et Garance, sans coussin, sont bien droits.

Mister Gourou a marqué un silence, un long silence, avant d'entonner un chant avec Karen, signe que le débat était clos. Ouf !

Le maître et Karen prononçaient quelques mots en sanskrit que l'on répétait après eux et avec eux, et comme ils avaient les yeux mi-clos, j'en ai profité pour décroiser les jambes et j'ai chanté haut et fort parce que, quitte à être ridicule, autant l'être à fond. En fait, je sentais que ça me faisait un bien fou de hurler, comme si j'évacuais tout mon stress.

Jésus m'a regardée. Nos regards se sont croisés. Et lui aussi s'est mis à chanter fort et Garance aussi, comme si elle refusait que sa petite voix soit couverte par les nôtres.

Karen a relevé ses paupières, un peu étonnée, et les a refermées dans un sourire. Le gourou n'a pas bronché. Il a continué de chanter, les yeux mi-clos, comme si rien n'existait en dehors de sa propre voix à lui, en lui, hors du monde réel.

19.

Repas du soir. De nouveau la file pour se servir en silence, avec des nouvelles têtes et quelques anciennes qui esquissaient un petit sourire ou un regard de bienveillance sans jamais chercher à nous parler réellement, puisque les gens n'étaient pas là pour échanger mais pour cheminer intérieurement.

La seule qui avait envie de parler était la mère de Jésus et elle était épuisante. Même quand elle chuchotait, elle avait un débit de paroles archi rapide.

De nouveau des galettes avec des légumes cuits et de la soupe. Heureusement, ma mère avait eu pitié et nous avait acheté des gâteaux et des barres chocolatées, car Garance était littéralement morte de faim.

Moi j'étais plutôt contente, j'avais dû perdre un bon petit kilo.

J'aurais adoré me mettre en maillot, mais je ne voyais pas où j'aurais nagé. Comme disait Mister Gourou : « *Here, just the essential, not the superflous.* »

Évidemment, comme Zaouïa était toujours clouée au lit avec son mal de bidon, Garance était collée à moi, alors qu'avec Jésus on avait envie de parler de choses de grands. Mais bon. C'est comme ça. J'ai voulu cette petite sœur plus que tout. Et elle le sait. Ce n'est pas moi qui la prends pour ma poupée mais elle qui me prend pour *sa* chose. Jusqu'à ses sept ans, je pouvais lui demander n'importe quoi : aller me chercher ma serviette que j'avais oubliée quand je prenais ma douche, aller me chercher mon portable, m'apporter un verre de jus de fruits au lit, enfin tous les trucs dont on a envie brutalement et pour lesquels on n'a pas envie de se lever.

Deux personnes ont été demandées pour nettoyer les tables. Évidemment Jésus s'est proposé, et pour ne pas avoir l'air nulle, j'ai aussi levé la main et j'ai fait spontanément ce que jamais je n'aurais fait chez moi : j'ai balayé. Garance m'a prise en photo pour montrer à maman que j'étais en train de changer.

La peste !

Ensuite, on est partis tous les trois dans la salle de lecture.

Jésus, sympa, a fait un Uno avec Garance pendant que j'envoyais mes textos depuis le petit jardin intérieur, et quand je suis revenue, il m'a lancé :

– Les copines vont bien ?

– Et toi, tes amis ?

– Je ne sais pas.

– T'as pas de mobile ?! C'est vrai, je ne t'ai jamais vu avec.

– Je suis connecté toute l'année, là je change de rythme.

J'ai dû faire une drôle d'expression, parce que aussitôt, il a rectifié :

– Je plaisantais, évidemment que je fais comme toi, mais puisque c'est interdit, je suis juste plus discret !

Tiens, tiens, lui aussi se mettait à faire de l'humour !

– Tu joues ? a fait Garance de sa petite voix hyper douce de quand elle demande quelque chose dont elle a profondément envie.

– Oui !

– T'es la meilleure des sœurs !

On a fait quelques parties avec Garance jusqu'au son de la cloche annonçant l'extinction des feux imminente, et évidemment elle a gagné parce qu'elle gagne tout le temps.

Je l'ai raccompagnée dans notre chambre et Garance n'a pas pu s'empêcher de préciser :

– Il t'aime bien, Jésus !

Comme je ne répondais pas, elle a rapproché ses deux index et ses deux pouces pour former un cœur avant de pousser un cri de terreur en m'indiquant la fenêtre, et cette fois j'ai vu le géant de la maison d'en face. C'était bien celui du marché, il hurlait après une fille de mon âge. La fille se protégeait le visage de ses bras et de ses mains. J'ai serré Garance dans mes bras, et quand enfin le géant est sorti de la chambre, on a repris notre souffle.

Garance tremblait. Moi aussi.

– Maintenant tu me crois ?

J'ai acquiescé. Garance a enfilé son pyjama.

– On va aller le voir...

– Je te promets qu'on va se renseigner. Mais pour le moment, n'en parle pas à maman.

– D'accord, c'est notre secret.

Je l'ai accompagnée se laver les dents, je suis restée dans son lit et quand ma mère est arrivée dans la chambre, je lui ai dit :

– Je ne peux pas me coucher à 22 h 30. J'ai quinze ans. Je suis en vacances.

– Donc ?

– Donc j'aimerais bien aller dans la salle de lecture pour mater un film.

– OK, je te comprends, mais surtout ne fais pas de bruit, c'est interdit.

Ma mère me comprenait... Waouh ! J'allais lui offrir un abonnement avec ce gourou !

En attendant je lui ai souri et j'ai eu envie de rester un petit moment avec elle pour lui raconter notre rencontre avec Sampat Pal.

– Tu sais, c'était totalement incroyable, de rencontrer cette femme en vrai... c'est une grande héroïne ! Elle est impressionnante...

Je lui ai montré les photos que j'avais faites. Elle les a observé avec beaucoup d'attention. Elle aussi était émue par ces militantes armées de bâtons. Puis maman m'a prise dans ses bras et c'était cool, c'était notre premier câlin depuis notre arrivée ici.

– Ça me fait plaisir ce que tu me dis, tu sais...

Oui, elle était heureuse, enfin je positivais ce voyage, et elle m'a fait un énorme bisou, et évidemment la Naine est venue se coller à nous, alors je les ai laissées. Mais je ne suis pas allée dans la salle de lecture : je suis sortie de l'ashram en secret.

Il faisait très noir, bien loin d'une nuit de pleine lune. J'ai contourné le bâtiment, croisant quelques chiens errants qui reniflaient les détritus. J'avais peur. Autant de l'obscurité que de leurs silhouettes sans poil (ma mère dit « glabre »), mais je n'allais pas faire demi-tour maintenant.

Devant la maison, je suis restée à observer la fameuse fenêtre. La lumière était éteinte, je ne pouvais donc pas savoir si quelqu'un se trouvait à l'intérieur. Au bout d'un long moment, le couloir du rez-de-chaussée s'est éclairé. Le géant l'a traversé. À ce moment précis, j'ai entendu des pas derrière moi dans le noir et mon cœur s'est mis à battre plus fort. Les pas avançaient dans ma direction. J'ai vu une ombre. J'ai poussé un cri. L'ombre a stoppé. Le silence total. Interminable. Mon cœur allait exploser. J'ai pensé à Sampat : elle n'aurait pas tremblé. J'ai ramassé une pierre, prête à frapper. L'ombre a demandé en anglais qui était là. Je connaissais cette voix mais j'étais tellement paniquée que je ne parvenais pas à l'identifier. La voix a répété sa question.

– Nina, suis-je parvenue à articuler.

L'ombre a surgi.

J'ai failli l'assommer : Jésus était devant moi, lui aussi armé d'une pierre.

Nous n'avons pas eu besoin de nous demander ce que l'autre fichait là pour comprendre que nous étions venus pour la même chose : Zaouïa avait vu ce que Garance et moi avions vu et Jésus avait décidé d'en savoir un peu plus.

Le géant est repassé dans le couloir du rez-de-chaussée. Nous avons fait le tour de la maison. Il a allumé la télévision et s'est installé sur le canapé. Il y avait un match de cricket.

Son épouse est venue le rejoindre.

Tous les deux, silencieux, suivaient le match.

On s'est éloignés dans un coin plus sûr pour faire le point sur la suite des événements et Jésus en a profité pour me résumer l'addiction des Indiens au cricket.

– C'est le premier sport national et de fait, vu le nombre d'Indiens, un bon milliard, le second sport le plus populaire au monde après le football. Il se joue dans tous les pays de l'ancien Empire britannique. En vérité, les Anglais avaient apporté le rugby et le cricket, mais avec les problèmes entre castes qui interdisaient les contacts physiques, le rugby n'a pas pu s'implanter en Inde... Les retransmissions de cricket sont suivies dans tout le pays. Les joueurs sont des stars absolues, autant que nos footballeurs.

– Un match dure combien de temps ?

– Ça peut durer six heures !

– Quoi !

– T'as bien entendu !

Même si le géant et son épouse n'allaient peut-être pas regarder tout le match, Jésus et moi avons décidé que c'était le moment d'obtenir des informations.

Nous avons toqué doucement au carreau de la fameuse chambre.

La fenêtre s'est ouverte presque immédiatement et la jeune fille a murmuré :

– Bheru, Bheru...

Jésus et moi nous sommes montrés : la jeune fille a eu un mouvement de recul.

– N'aie pas peur, j'ai murmuré en anglais alors que je tremblais autant qu'elle. On est des touristes de l'ashram d'en face. On a vu ton père se montrer carrément violent avec toi, alors on s'est dit que peut-être tu avais des problèmes, on veut t'aider.

Son regard est allé de Jésus à moi comme si elle cherchait à évaluer le degré de confiance qu'elle pouvait nous accorder.

– Je ne peux pas parler maintenant, mon père peut revenir.

– Il regarde le match avec ta mère !

– Je sais, mais il peut quand même venir, alors s'il vous plaît, allez voir Bheru, il vous expliquera. Il travaille avec son père. Il tient un tout petit salon de coiffure pour hommes juste en face de la poste Gandhi, c'est le seul. Dites-lui que vous venez de ma part, je m'appelle Fulki.

Elle a refermé sa fenêtre sans nous laisser le temps de répondre et Jésus et moi avons marché en direction de l'ashram en nous promettant que le lendemain, après le yoga, on irait voir Bheru sans en parler à Garance.

Et je me suis endormie en me demandant ce que Bheru allait bien nous raconter.

20.

C'était un si petit salon de coiffure que ma mère l'aurait qualifié d'échoppe de coiffure. À l'intérieur il y avait un coiffeur et un client. Nous sommes entrés et avons demandé à parler à Bheru. Le coiffeur, sans doute son père, a dodeliné de la tête, et j'ai pris ça pour un « oui, peut-être ». Et j'ai eu raison puisque sans même nous demander qui nous étions, il s'est tourné vers l'arrière-boutique, qui devait être le salon familial, et a appelé Bheru. Presque instantanément, de derrière un rideau qui aurait bien eu besoin d'un coup de frais, Bheru est apparu.

J'ai alors compris ce que le terme BG pouvait signifier en Inde.

Petite précision sur le physique de Bheru : il est mince sans être maigre. Des yeux de velours noir pourvus de cils immenses. Une peau hâlée. Les Anglais disent *olive skin*, je n'ai jamais compris pourquoi. Ils doivent penser aux olives noires, pas vertes !

En plus d'être un archi beau gosse, Bheru a des gestes très doux, il semble très gentil et il ne se la pète pas comme les archi beaux gosses du collège.

Fin de la petite précision et retour sur Jésus et moi face à Bheru. Nous n'avons pas eu besoin de le prier de sortir pour parler. C'est lui qui nous a entraînés dans la rue et demandé ce qu'on voulait.

– Nous venons de la part de Fulki, a fait Jésus.

– On la connaît parce qu'on séjourne à l'ashram, en face de chez elle, j'ai rajouté.

– Okay... what's happened to her, a problem ?

On lui a tout raconté. C'est-à-dire le peu qu'on savait, le peu qu'on avait vu. Bheru écoutait, visiblement très triste, et puis il nous a expliqué :

– Fulki doit bientôt épouser l'homme désigné par ses parents, c'est la tradition.

– Quelle tradition exactement ? j'ai demandé.

– Les parents payent la dot et la fille doit se soumettre à leur choix. Le père de Fulki a réalisé de très mauvaises affaires sur ses terres à cause de la sécheresse. Il ne peut plus assurer une dot pour un bon mari, un jeune garçon de bonne famille.

– Tu veux dire qu'elle va épouser un vieux ? a demandé Jésus.

– Oui. Inesh Kaul, cinquante-trois ans, s'est proposé.

– Mais c'est dégueulasse, j'ai fait.

– Il est veuf, père de neuf enfants, propriétaire d'un grand magasin de tissus, et désire se remarier. Fulki lui plaît. Il est d'accord pour l'épouser sans dot et régler l'ensemble de la noce.

– C'est horrible, a dit Jésus.

– Pas pour tout le monde. Les parents de Fulki ont estimé que c'était un très bon marché. Mais Fulki tient tête à ses parents. Elle est allée à l'école, elle sait qu'il y a des lois qui protègent contre les mariages forcés d'enfants. Elle refuse d'épouser Inesh. Son père a peur qu'elle ne s'échappe et l'a enfermée jusqu'au mariage.

– L'école, a demandé Jésus, elle n'y va plus ?

– Ici, quand il n'y a pas assez d'argent pour envoyer tous les enfants à l'école, ce sont les garçons qui y vont. Elle n'y va plus depuis un an. Ce sont ses frères qui continuent. Ils sont en pension en ville.

– Mais pourquoi cette préférence ? j'ai demandé, un peu perplexe.

– Après son mariage, un garçon reste dans la maison de ses parents et il s'occupe d'eux. Alors qu'une fille part vivre dans la maison de la belle-famille.

J'ai compris le raisonnement : on ne va pas investir à fonds perdu dans l'éducation d'une fille. Un garçon, on récupère sa mise !

– Depuis deux mois, Fulki sort uniquement pour les fêtes religieuses, accompagnée de ses parents. Parfois je vais frapper à son carreau et on parle quelques secondes.

J'en ai déduit que l'archi beau gosse n'était pas libre. Non seulement Fulki ne voulait pas épouser un vieux (ce que je comprenais à cent pour cent), mais surtout, elle était amoureuse du BG… et le BG d'elle.

– Tu ne peux pas te proposer comme époux ? ai-je demandé.

– Jamais ses parents ne m'accepteront, ce serait déshonorant. Vous avez vu la boutique de mon père !

J'avais vu. Une pièce de trois mètres sur cinq avec deux fauteuils et un bac en plastique où un genre de tuyau d'arrosage remplissait des bassines. On coiffait les hommes, on leur faisait la barbe, et après usage, on jetait l'eau dans le fossé.

– Oui, mais au moins leur fille serait avec quelqu'un de son âge…

– Les parents de Fulki auraient honte d'un mariage avec moi mais ils seront fiers de l'union avec Inesh. Ils remplissent leur devoir avec un mari riche et respecté. L'âge n'a pas d'importance par rapport à tout ce qu'il apporte en échange, un don des dieux !

– Quel âge a Fulki ? a demandé Jésus.

– Elle vient d'avoir quatorze ans.

J'ai pensé : « Elle est encore plus jeune que moi », et je n'ai plus su quoi dire. De toute façon, de nouveaux clients arrivaient et Bheru devait laver les têtes. Alors on est repartis. Un peu beaucoup déprimés, ne sachant quoi faire et en se demandant s'il fallait partager avec Garance ce qu'on avait appris…

Justement, Garance nous attendait et nous a littéralement bondi dessus. Elle était radieuse car Karen, *via* son réseau du marché, avait eu des nouvelles de la famille du garagiste. Le mari indigne avait laissé la maison à son ex-épouse et à ses trois filles.

Enfin une vraie bonne nouvelle.

Et pendant le déjeuner, on s'est efforcés de sourire, mais ma sœur a fini par sentir qu'on n'était pas en super forme. Elle a cru qu'il nous était arrivé quelque chose de grave qu'on ne voulait pas lui confier. D'une certaine façon, c'était ça et on a fini par lui résumer notre rencontre avec Fulki et notre conversation avec Bheru.

D'abord Garance a été heureuse qu'on soit allés enquêter et elle m'a embrassée en disant :

– T'es la meilleure des sœurs, jamais je n'en voudrais une autre que toi.

Puis on a essayé d'envisager la situation sous tous les angles, sans trouver de solution. Heureusement, Zaouïa a réapparu et les deux gamines sont parties jouer.

Petite précision concernant Zaouïa : nous avons préféré lui mentir et nous lui avons dit que Fulki et son père, le géant, s'étaient engueulés car Fulki ne voulait pas arrêter ses études et que son père avait décidé qu'elle devait travailler. Zaouïa a trouvé ça triste, mais pas terriblement triste, et c'était le principal.

Jésus et moi nous sommes isolés dans la salle de lecture.

Objectif : voir un film.

Jésus en avait apporté avec lui plus de cent. Aussi bien du blockbuster que ma mère déteste (elle dit « exècre ») que le genre de films que ma mère vénère (le genre archi film d'auteur quasi à la limite de l'expérimental qu'elle s'acharne à vouloir me faire regarder en VO même quand ça parle hongrois, parce qu'elle assure que la musicalité est inhérente au sens, évidemment).

Bref, Jésus m'a proposé un polar vraiment particulier. *Bons Baisers de Bruges*. Et puis la cloche pour le dîner a retenti et nous sommes repartis vers le réfectoire.

Puis de nouveau comme chaque jour à la fin du repas, les appels pour l'aide aux tâches collectives. Ce soir-là, on a levé la main pour l'épluchage des légumes destinés à la soupe du lendemain et on s'est retrouvés avec un vieil Américain calme et souriant, Richard.

Il était médecin militaire retraité et vivait chaque année six mois en Inde. Le reste du temps, il s'occupait de ses petits-enfants dans le Colorado. Il disait que ces six mois lui donnaient une énergie débordante et nous expliquait que la méditation, c'était la vie :

– J'ai besoin de méditer tout le temps. Je coupe mes carottes, je me concentre sur la lame du couteau, je me lave, je me concentre sur le savon, je marche, je me concentre sur la semelle de mes chaussures.

Un jour qu'il marchait au bord d'un fleuve, il était tellement concentré sur ses semelles qu'il est tombé dans l'eau, heureusement il n'y avait pas un grand fond !

Sur cette anecdote, avec Jésus on a piqué un gros mais vraiment un très gros fou rire et Richard s'y est mis aussi.

On avait enfin réussi à communiquer avec un adulte de l'ashram, et c'était quelque chose ! Dans son délire, Richard était vraiment rigolo et c'est presque à regret qu'on l'a quitté pour filer dans notre tanière (la salle de lecture) avec la ferme intention de mater un autre film. Mais finalement, on n'a rien maté du tout.

21.

On a parlé et parlé et parlé jusqu'à 3 heures du matin. Beaucoup de Fulki et de cette sensation qu'on avait depuis qu'on était sur *Mother India* : le pays de la non-violence ne l'est pas pour ses femmes et ses enfants, comme si Gandhi n'avait pas eu le temps de s'occuper de tout le monde.

On a parlé de ma vie en France avec ma bande de filles et je lui ai montré nos photos. Sur certaines, comme dit mon père, on faisait vraiment adolescentes hystériques, mais Jésus s'est gardé de toute critique. Et quand je lui ai raconté quelques histoires de filles, il n'a pas ricané comme les garçons de ma classe quand, par exemple en SVT, on parle rapports sexuels et contraception, alors que c'est clairement le seul chapitre qui nous servira bientôt.

Il m'a raconté sa vie à Bruxelles. Pilar tenait un magasin de fringues indiennes avec une copine péruvienne et cette boutique était un « haut » lieu d'échange sur toutes sortes de thérapies. Avant, Pilar était notaire, comme son père. Je lui ai fait répéter quatre fois. J'avais du mal à le croire. Vraiment du mal.

– Jamais je ne lui aurais confié mes intérêts, j'ai précisé.

Jésus a souri et raconté qu'elle avait quitté l'étude juste avant sa naissance, alors qu'elle nageait dans les profondeurs (ma mère dit « abysses ») de la spiritualité chrétienne, d'où son prénom, Jésus.

– Jésus est beaucoup plus courant chez les Espagnols que chez les Français, a-t-il précisé, comme pour excuser un peu sa mère.

Jésus n'en voulait même pas à Pilar de lui avoir donné ce prénom ridicule. Il la savait barrée mais ne le lui reprochait pas.

En même temps, la différence entre Val et moi et Pilar et lui, c'est que Pilar n'exigeait rien de son fils. Jésus faisait ce qu'il voulait. S'il n'avait pas voulu aller en Inde pour ces vacances, il aurait pu partir en Espagne chez ses grands-parents ou même rester seul à Bruxelles.

Pilar le considérait vraiment comme un adulte et pas seulement quand ça l'arrangeait, elle... si vous voyez à qui je pense...

Quant à la naissance de Zaouïa, elle correspondait à la période musulmane soufie de Pilar.

– Je crois que ma mère est passée par toutes les traditions religieuses !

– Il est clair que si ta mère accouchait aujourd'hui, elle appellerait son bébé Shiva et se demanderait pourquoi il n'a que deux bras !

Jésus s'est marré et a précisé qu'ils étaient venus vivre en Belgique car le père de Zaouïa était marocain et enseignait l'arabe littéraire à Bruxelles. Visiblement, entre Pilar et lui c'était compliqué pour la garde de Zaouïa, et ça les empêchait de rentrer vivre en Espagne. Quant au père de Jésus, c'était au contraire très simple. Il était mexicain et vivait en Jamaïque dans une forêt sèche peuplée d'iguanes. Un scientifique fauché. Il étudiait l'estomac des mangoustes *in vivo* : il les disséquait et plaçait l'estomac dans des bocaux de verre. Jésus le voyait quelques semaines par an et projetait de passer plus de temps avec lui quand il serait étudiant.

Là encore, dans la façon dont Jésus décrivait son père, il n'y avait pas d'ironie, il trouvait que la vie qu'il avait choisie lui ressemblait.

On est alors passés à mon père. J'ai décrit la relation facile que j'avais avec lui, comparée à mes rapports avec ma mère, et j'ai soudain réalisé que je parlais à Jésus comme si on se connaissait depuis toujours, parce que forcément, entre nos mères et nos deux petites sœurs, on ressentait pas mal de choses en commun. Cette nuit-là, on s'est quittés en sachant qu'on avait encore beaucoup à se dire, et en guise de bonsoir il m'a fait :

– Au début, je trouvais que tu te la jouais un maximum, mais en fait t'es vraiment drôle.

– Attends quelques jours et tu vas peut-être changer d'avis !

22.

Petite précision sur moi-même. Il y a des filles qui émeuvent et bouleversent les garçons, mais moi je les fais rire.

Il paraît qu'un homme pas beau mais à l'humour ravageur peut « emballer » une super belle nana, d'où le proverbe (ma mère dit « le dicton ») : « Femme qui rit, femme à moitié dans ton lit ». Mais je ne suis pas certaine du « Homme qui rit, homme à moitié dans ton lit ».

Enfin, comme me le rappelle mon père à qui je raconte pas mal de choses : « Nina, tu as encore le temps pour le lit. »

Alors pourquoi lorsque je lui ai confié que certaines de mes copines l'ont déjà fait, il n'a pas été choqué ?

Ma mère, si !

Elle trouve que quinze ans, c'est beaucoup trop jeune et à ce Noël quand on s'est retrouvés tous les quatre (j'ai des parents séparés qui ont décidé qu'ils ne l'étaient plus pour les anniversaires de leurs filles et Noël), mon père a déclaré que ce n'était pas une question d'âge mais de situation émotionnelle. Ma mère lui a jeté un regard sévère parce que dans ces cas-là elle a peur qu'il ne sorte une vanne de cul devant Garance – me concernant, elle a depuis quelque temps réussi à intégrer que les blagues de cul de mon père me faisaient rire.

Et William, mon père, a insisté : « Souviens-toi, Val, de ces filles qui en terminale ne l'avaient pas encore fait et qui après leur bac l'ont fait avec le premier venu pour ne pas entrer en fac vierges. Eh bien, moi, je préfère que ma fille de quinze ans le fasse avec un garçon qu'elle aime et qui l'aime et avec qui elle sort depuis quelque temps, plutôt qu'à dix-huit ans avec un garçon qui lui plaît juste assez pour le faire, et en plus une fois sur deux lors d'une soirée en étant saoule et dans des conditions tout sauf rassurantes ! »

J'ai cru que maman allait lui balancer tout un tas de trucs pas sympas, mais non, elle lui a juste lancé un regard tellement mécontent qu'il a illico changé de sujet pour ne pas plomber la soirée de Noël.

23.

Le lendemain, pour le cours de yoga, Jésus et moi n'étions pas très frais, et après le déjeuner Garance a commencé à me harceler : elle voulait voir à quoi ressemblait Inesh. Je trouvais ça inutile, mais Jésus est intervenu :

– Nous sommes allés voir Fulki, elle nous a parlé de Bheru, on a discuté avec lui et il nous a parlé d'Inesh. Alors pourquoi on n'irait pas voir Inesh ?

Comme il tenait un magasin de tissus, c'était assez facile de le rencontrer et on a mis au point une petite stratégie.

Dans le magasin, nous avons joué aux enfants parfaits et très souriants qui *adooooorent* leur maman chérie et qui veulent lui faire cadeau d'un cachemire. Nous nous sommes extasiés sur les châles qu'une vendeuse en sari couverte de bangles nous montrait et quand nous avons aperçu le futur marié installé derrière la caisse, nous avons eu du mal à conserver nos expressions émerveillées.

Inesh n'avait rien de terrifiant sinon qu'il avait trente-neuf ans de plus que Fulki. Je l'ai imaginé lui faire un câlin et l'embrasser et le dégoût m'a envahie.

La colère aussi.

Inesh et Fulki, c'était comme un viol légitimé par les parents et la société. C'était complètement répugnant.

À la sortie du magasin, Garance avait les larmes aux yeux, Jésus était morose, et moi, j'avais besoin de me défouler, de raconter ce qui se passait ici. Alors nous avons fait une halte au café Internet, et cette fois-ci je n'ai pas perdu de temps avec les dodelinements du patron.

Je me suis installée devant un des ordinateurs et connectée sur le mur de notre groupe Facebook. J'ai écrit : *Je viens de rencontrer une fille de 14 ans qui doit épouser un homme de 53 ans qui aura tous les droits sur elle.*

Mes amies en ligne se sont répandues en horreur sur le futur mari et l'ont qualifié de pédophile. J'étais d'accord et je suis allée lire sur Internet ce qu'on disait au sujet des mariages forcés d'enfants.

Il y en avait des millions chaque année dans le monde. Et même si certains pays comme l'Inde avait adopté des lois interdisant ces unions, les parents continuaient de marier leurs enfants en toute illégalité. C'étaient dans les ménages les plus pauvres vivant en zone rurale, en Afrique subsaharienne et en Asie du Sud, que les fillettes étaient le plus touchées par ce fléau.

Avec Garance, on a skypé papa : il était super content de nous parler et de faire la connaissance de Jésus.

Garance a aussitôt parlé de Fulki à papa, qui lui a répondu ce que sans doute beaucoup de parents auraient répondu :

– À travers le monde, il y a des millions de jeunes filles qui sont dans la situation de Fulki.

– OK, papa, mais Fulki habite la maison d'en face, a insisté Garance, c'est pas la même chose.

– Même si on ne peut en aider qu'une sur des millions, c'est vital pour celle qu'on aide, a souligné Jésus.

– C'est ça, c'est exactement ce que je voulais dire, s'est exclamée Garance. On doit essayer de l'aider, car moi si j'étais Fulki, j'aimerais qu'on m'aide.

– Et toi, Nina, toi qui as toujours un avis sur tout, m'a dit papa, tu en penses quoi ?

– Fulki et moi on a juste un an d'écart, et moi je rêve à ma vie et je l'imagine longue. Alors que celle de Fulki, c'est comme si elle allait en se rétrécissant, comme si on lui enlevait ce qu'il y a sans doute de plus beau dans la vie, l'amour.

Il y a eu un silence. J'ai senti que mon père était ému et, comme pour masquer son émotion, il a posé des questions à Jésus sur sa vie à Bruxelles. C'était marrant de les entendre tous les deux car mon père parlait en français et Jésus en anglais. Et puis on lui a fait un gros bisou virtuel et on a regagné l'ashram en se frayant un chemin à travers la foule, les bestioles et les véhicules en tous genres et en écoutant Garance qui avait tout un tas d'idées pour empêcher ce mariage...

– Empoisonner le vieux, ou le faire tomber !

L'intention était bonne, mais la méthode plus que douteuse et le résultat assez incertain. Peu importe. Garance continuait :

– Aider Fulki à fuir !

– Pour aller où, sur les routes, mendier ? a répondu Jésus.

– Parler à son père, j'ai proposé.

– Il s'en contrefiche de ce qu'on pense, a observé Jésus. Mais peut-être que Karen aura plus de poids. Elle est respectée dans tout le village et capable de sensibiliser le père sur la situation de sa fille... En même temps, il va sans doute lui rétorquer qu'elle ne peut pas comprendre, qu'elle est une étrangère...

– On doit faire comme Sampat, a clamé Garance. Il faut trouver d'autres filles et aller voir son père pour lui dire que s'il n'annule pas le mariage, on le tape !

Garance possède un énorme potentiel d'identification. On regarde un film et elle devient illico l'héroïne la plus belle et courageuse de toutes. Seulement d'habitude (comme toutes les gamines de son âge), elle est à fond sur une héroïne avant de partir à fond sur une autre et d'oublier la précédente. Cette fois, elle ne désespérait pas de corriger les oppresseurs à coups de *lathis*. Elle avait vraiment été marquée par Sampat. En même temps, c'était la première fois qu'elle voyait une héroïne *en vrai*.

– Nous ne sommes pas Sampat. Même accompagnés de dix personnes, nous ne saurions pas comment affronter le père de Fulki, a résumé Jésus.

– On peut essayer !

– OK, Garance, OK, on frappe le père, et après ? je lui ai demandé. La mère appelle la police et la police appelle l'ashram, et qu'est-ce que ça change pour Fulki ? Sur Internet il est bien expliqué que, malgré les lois indiennes interdisant les mariages d'enfants, des parents continuent de le faire. Les mentalités ne changent que peu à peu, impossible de révolutionner du jour au lendemain des traditions de toujours.

– Alors on fait pas comme Sampat, mais on va voir Sampat et on lui raconte et elle saura quoi faire pour Fulki, a poursuivi Garance, imperturbable.

– Oui, c'est une solution, a répondu Jésus. Mais il faut d'abord en discuter avec Fulki, avoir son avis, être certains qu'elle est d'accord pour que Sampat s'implique dans son histoire.

– Et pourquoi ? a demandé Garance.

– Parce que c'est sa vie ! ai-je précisé.

Ça lui a cloué le bec, car une de ses répliques favorites quand je lui demande de faire un truc, c'est : « T'as pas à décider de ma vie pour moi ! »

On a donc voté pour l'option Sampat. Surtout parce qu'on n'en avait pas d'autre et que depuis deux jours, avec

Jésus, on se rendait bien compte qu'on avait été un peu présomptueux (tiens, un mot qui ferait plaisir à ma mère) en promettant à Garance qu'on allait trouver une solution à cette histoire. Et maintenant, il fallait surtout chercher un moyen d'entrer en contact avec Fulki, autrement que quelques secondes à la fenêtre.

Après l'atelier respiration et chants, Garance nous a annoncé :

– Je sais comment faire pour parler à Fulki !

24.

Il y a des gens doués avec les balles, les ballons, et autres objets volants, et puis il y a ceux qui sont plutôt glisse. Rollers, surf, patins, skis, je me débrouille, mais avec une raquette, je suis un gros boulet. Quand on fait badminton au collège, même mes meilleures amies m'évitent.

Garance le sait, et pour une fois ma nullité lui a inspiré une idée que Jésus et moi avons rapidement entérinée.

Pour ma partie, la réussite de l'opération était assurée à cent pour cent puisque je devais juste rester moi-même !

C'est donc avec une décontraction totale que Garance et moi, armées d'un frisbee, nous avons débarqué sur le terrain situé entre l'ashram et la maison de Fulki.

On a attaqué avec quelques échanges. Infructueux, évidemment.

Avec le frisbee, c'est encore pire qu'avec une balle, j'ai toujours la sensation qu'il va direct piquer sur moi et me filer un sale coup, aussi, au lieu de tendre le bras pour l'attraper, je me baisse.

Au bout d'une vingtaine de passes, je me suis décalée devant le jardinet de chez Fulki. Garance a visé dans ma direction et moi j'ai fait du Nina : le frisbee a atterri dans le jardinet.

Garance est allée sonner. Quand vous souhaitez obtenir quelque chose, il faut toujours envoyer les petits. C'est simple, on ne se méfie pas d'eux. On les pense forcément honnêtes, incapables de tromperie (ma mère dit de « perfidie ») !

Le géant a ouvert.

– Bonjour, monsieur, je suis désolée mais je voudrais ramasser mon frisbee que j'ai fait tomber chez vous, a demandé Garance dans son anglais *so frenchy* et en indiquant la direction du doigt.

Le père a souri, le lui a remis très poliment et a pris le temps de discuter avec elle. Garance lui a expliqué que sa mère était une passionnée de yoga, qu'elles étaient à l'ashram et que ça sentait très bon chez lui.

C'était vrai. Je le sentais d'où j'étais.

– Ma femme est en train de cuire des petits cakes au curry, tu veux goûter ?

La légendaire hospitalité indienne était donc bien réelle.

– J'ai pas le droit d'entrer chez des gens que je ne connais pas sans ma sœur...

Elle a dit ça sur un ton d'une timidité absolue : les vraies chipies ont toujours cet air adorable qui génère une confiance instantanée chez leurs interlocuteurs !

Le père m'a fait signe. Je me suis approchée. Il était vraiment immense et donc assez impressionnant même si rien dans son attitude ne faisait peur. Il était plutôt très souriant.

En entrant dans sa maison, j'étais fière parce que je savais que de loin Jésus nous observait et que pour l'instant notre mission se déroulait parfaitement.

Fulki était dans la cuisine avec sa mère et quand elle nous a aperçues, elle a blêmi. J'ai esquissé un petit clin d'œil qui signifiait : « Relax, on a la situation en main. »

Nous nous sommes présentées comme de parfaites inconnues. Le père disait « Gahhhance » et la mère était sous le charme de cette petite *so cute*.

Quand ils ont évoqué leur potager, Garance s'est extasiée :

– J'adorerais le voir, je rêve d'en avoir un et de m'en occuper !

Aucun doute, elle a vraiment le don pour taper l'incruste !

– Tu as de la chance d'avoir une petite sœur aussi mignonne, a fait la mère en entraînant Gahhhance vers le potager, le temps que les petits cakes refroidissent...

J'ai acquiescé, bien que je trouve cette phrase d'une bêtise ! Comme si on pouvait en quelques minutes savoir qui est réellement Garance au quotidien...

Ma *so cute* petite sœur a esquissé un clin d'œil. J'ai levé le pouce discrètement dans sa direction, genre : « T'es géniale. » C'est vrai qu'elle était en train de réaliser un parcours sans faute : j'étais seule avec Fulki car elle avait, en plus, réussi à attirer le père au potager en lui posant des tas de questions sur les pluies indiennes.

– Tu as pu parler avec Bheru ? m'a demandé Fulki dès qu'on s'est retrouvées seules.

– Il nous a tout raconté, on veut t'aider, en parler à Sampat Pal.

– Non ! Je respecte Sampat, mais je ne veux pas qu'elle vienne ici avec son gang. Tous les voisins penseront que mon père est violent et mes parents seront humiliés. Je ne peux pas leur faire ça. Ce ne sont pas de mauvais parents. Ils m'ont permis d'aller à l'école. Ils s'occupent de moi. Ce n'est pas comme certains parents qui marient leur fille à huit ans et ne la revoient plus jamais. Mon père a fait de mauvaises affaires et il a décidé d'appliquer la tradition, c'est tout.

– T'es en train de me dire que si tu n'étais pas amoureuse de Bheru, tu accepterais le mariage avec Inesh ? !

– Ce serait sans doute une épreuve, mais je l'accepterais. Ce mariage peut aider ma famille et c'est normal de vouloir aider sa famille.

– Mais ta famille n'a pas à te demander un truc pareil !

– Nina, je te remercie de te soucier de mon sort. Mais si je venais dans ton pays, je suis certaine qu'il y aurait des choses qui me paraîtraient anormales, alors qu'elles sont pour toi complètement normales. Tu comprends ?

Je n'ai rien trouvé à répondre alors j'ai pris sa main dans la mienne, ma façon de lui dire : « J'ai pas envie de te comprendre mais je te comprends quand même un peu. »

Garance et les parents de Fulki sont revenus et nous les avons chaleureusement remerciés pour leur accueil.

Quant à Jésus, il nous a félicitées et assuré que nous avions un talent inné pour le métier de détective privé. Garance se voyait déjà en héroïne de séries policières... en attendant, on a fait un point dans la salle de lecture.

Puisque Fulki refusait l'intervention de Sampat, la seule solution était de faire en sorte que ce soit le « fiancé » qui annule le mariage.

Mais pour quelles raisons Inesh n'aurait plus désiré épouser une jeune beauté comme Fulki ?

– On lui dit qu'elle a des poux ! a lancé Garance.

Garance est souvent lumineuse. Mais pas toujours. Tant mieux, sinon elle serait invivable.

– On lui dit qu'elle n'est plus vierge ! a plaisanté Jésus.

– STP, pas de mot comme ça devant ma petite sœur !

– Ça va, je suis plus en maternelle, a rétorqué Garance. Vierge, c'est quand t'as jamais fait hum hum !

C'est vrai qu'elle était là lors de la fameuse discussion de Noël entre mon père et ma mère sur les filles qui ne l'ont jamais fait en terminale. Mais bon, j'ai quand même préféré couper court car discuter de ça avec elle devant Jésus me gênait trop !

Nous avons donc continué à chercher une raison susceptible de faire changer d'avis le futur marié, mais nous n'avons rien trouvé. Alors, comme on avait entendu que le lendemain le père de Fulki partait pour la grande ville, Garance a décidé de taper une nouvelle fois l'incruste. Histoire de convaincre Fulki de demander l'aide de Sampat, ou de dévorer des petits cakes ? Avec Garance, on peut aussi chercher l'explication de ses décisions dans son estomac. Avant l'extinction des feux, elle est partie dessiner. Elle voulait offrir un dessin à la mère pour justifier notre visite.

Je me suis donc retrouvée seule avec Jésus dans la salle de lecture, et on a continué de discuter. Il y avait comme une évidence entre nous, on passait de sujets sérieux à des blagues, on riait, on se vannait et quand est venue l'heure d'éteindre les lumières, on s'est éclairés avec la lampe torche de mon portable.

Puis, alors qu'on reparlait de Fulki, Jésus s'est distraitement mis à jouer avec un de mes nombreux bangles. J'ai senti le contact de sa peau contre la mienne, c'était une sensation douce et agréable. Je n'avais pas envie qu'il arrête. J'ai commencé un peu à paniquer de ce que j'étais en train de ressentir. J'ai pensé à Karen qui justement, dans l'après-midi, nous avait expliqué que le mental s'emballe quand notre esprit n'est pas assez puissant pour le contrôler. Elle avait utilisé l'image du cavalier et du cheval. Le cheval (le mental) est un animal sauvage que le cavalier (l'esprit) doit dompter.

Le cavalier doit toujours rester maître de son cheval.

L'esprit doit être capable de dompter son mental.

Arrêter de penser. Laisser les pensées affluer mais ne pas s'y accrocher. Revenir à sa respiration. Mais ne pas se concentrer sur sa respiration, car se concentrer, c'est déjà une forme de pensée.

Pensée ou pas, mon cheval n'écoutait rien. Il hennissait des phrases comme : « Et s'il me dit qu'il veut sortir avec moi, qu'est-ce que je dis ? Et s'il essaye de m'embrasser, qu'est-ce que je fais ? »

25.

Petite précision sur mon rapport à l'amour. Des copines qui sont amoureuses en boucle, tout le monde en a. Elles ont toujours un garçon dans la tête. Moi, c'est le désert. Les beaux, je les trouve bêtes, et les pas très beaux, je les trouve intelligents. Comme j'ai besoin des deux pour tomber amoureuse, eh bien... je ne suis jamais amoureuse !

J'ai toujours pensé que j'avais un *big* problème avec l'amour, que j'avais tellement la trouille que je m'arrangeais pour trouver les garçons soit beaux, soit intelligents. Et pour ne pas culpabiliser, je me dis que ce n'est pas ma faute mais celle de ma mère, parce que le mythe du prince charmant, elle ne me l'a jamais transmis...

Ma mère, c'est plutôt : « Profite, expérimente, ne fais pas un enfant avant trente ans, ne te rends pas marteau pour un garçon, les sentiments passent, tout est impermanence, les seuls sentiments qui restent sont ceux que tu as pour tes enfants. Construis ta vie comme si tu étais seule. »

Vous trouvez ça positif de dire de telles choses à une ado bourrée de complexes qui n'a aucune confiance en elle ?

D'après ma mère, j'ai mûri trop vite. En même temps, faut voir comment elle me parle ! Elle pourrait quand même y mettre un peu les formes, jouer le jeu. Mais non, elle parle cash. Trop cash. Quand je lui demande pourquoi elle ne s'est jamais remise réellement en couple depuis mon père, elle répond : « Ça m'épargne une nouvelle séparation ! »

Alors que moi, même si je dis souvent à mes copines que l'amour, ça sert à rien, j'ai quand même envie d'être amoureuse.

J'ai même TROP envie !

26.

Retour sur Jésus et moi calés dans la salle de lecture après l'extinction des feux, avec juste la lampe torche de mon portable comme source de lumière et sa main qui n'en finit pas de jouer avec mes nombreux bangles : IL NE S'EST RIEN PASSÉ.

Rien du tout.

Vers 2 heures du matin, au moment de se séparer, on s'est dit « bonne nuit » exactement comme d'habitude. Sauf que pour moi, une fois seule dans mon lit, c'était pas du tout comme d'habitude, parce que j'avais beau ordonner à mon mental de ne pas se raconter d'histoire, lui rappeler que les Espagnols sont très tactiles (tous les copains espagnols de ma mère se font des câlins énormes quand nous on se fait juste la bise), il ne m'écoutait pas. Mon cheval continuait de galoper et me hennissait des trucs comme : « Imagine Jésus dans un an avec une tête en plus (puisqu'il paraît qu'il faut attendre la seconde pour que les garçons dépassent les filles en taille) et la peau plus lisse, il sera super beau. Il a le visage de sa mère qui est comme on dit un petit canon. » Oui, *petit* !

C'est vrai que s'il tient de sa mère, il va quand même avoir du mal à me dépasser dans un an.

Passons à son intelligence. Je n'ai aucun doute. Il y a même plus que ça, pour moi. C'est la première fois qu'avec un garçon de mon âge je peux discuter pendant des heures comme avec ma meilleure amie.

Pour me calmer, je me suis mise à lui chercher un petit défaut et je me suis endormie avant de lui en avoir trouvé un seul. Le lendemain, j'étais heureuse de le revoir, surtout que c'était un jour un peu spécial : la journée de repos hebdomadaire de l'ashram.

27.

Au programme : déjeuner au village en famille et en compagnie de Pilar et ses enfants, puis shopping dans les rues. Le restaurant était une sorte de grande cuisine installée dans un patio avec de larges tables.

Deux femmes en sari cuisinaient dans des immenses marmites et les gens s'installaient ou venaient avec leurs propres boîtes avant de rejoindre leur lieu de travail.

Je n'avais pas mangé de viande depuis mon arrivée en Inde et j'ai évité les lentilles et les graines parce que à l'ashram c'était le menu quotidien : je me suis jetée sur un biryani chicken et des naans au fromage, et Garance sur un poulet tandoori.

En dessert, on a commandé des lassis, sortes de yaourts liquides au lait fermenté et parfumé. J'en ai pris un à la mangue et un autre à la vanille.

C'était divin, délicieux, succulent, et pendant presque une heure on a mangé sans dire un mot tellement on était contents – de toute façon, la mère de Jésus parlait en boucle, comme si elle tentait en un déjeuner de récupérer son volume de paroles de six jours.

Elle était intarissable sur la médecine ayurvédique, la médecine indienne traditionnelle qui, avec le yoga et la méditation, fait souvent partie du package « voyageurs en quête de spiritualité », genre Pilar et ma mère, et sans doute genre tous ceux qui sont à l'ashram.

Et quand ma mère explique que beaucoup d'Indiens tirent profit de cet engouement et que des tas de centres spirituels et de guérison voient le jour un peu partout et sont juste des attrape-touristes, mon père répond que les Indiens auraient tort de se priver car les Occidentaux les conduisent également à consommer des choses qu'ils n'auraient jamais consommées.

Business is business !

– Cette médecine se base sur le fait que nous sommes tous constitués d'une combinaison particulière des trois forces : *Vata*, *Pitta* et *Kapha*, expliquait Pilar. Donc trois personnes différentes peuvent avoir la même maladie, mais doivent recevoir trois traitements différents, parce que ce n'est pas la maladie qu'on traite mais le patient. C'est en cela que c'est très différent de la médecine occidentale qui ne s'occupe que du symptôme sans consacrer, ne serait-ce que trois minutes, au patient dans son ensemble...

Ma mère semblait conquise. Encore un truc qu'elle allait expérimenter et quand elle expérimente quelque chose de nouveau, en principe c'est à fond.

Elle a eu sa période chakra. Le mot revenait dans toutes ses phrases. Puis sa période feng chui où elle a repensé toute l'énergie environnementale, à savoir la décoration de l'appartement : toutes les étagères (excepté celles des livres) ont été fermées par des portes de placards parce que le bazar, c'est pas feng chui, et elle a viré les cactus et toutes les plantes à piquants pour des plantes molles et rondes qui, elles, sont feng chui.

Bref, Pilar semblait aussi à l'aise avec la médecine ayurvédique que son fils avec les chiffres. La seule de la famille qui avait l'air totalement déconnectée, c'était Zaouïa. Elle se marrait tout le temps, n'écoutait rien, excepté Garance, et se contentait d'un large sourire quand elle refusait de faire ce qu'on lui demandait.

Soudain, Garance et Zaouïa, qui s'étaient enhardies dans la ruelle, sont revenues en hurlant.

– Y a un monstre horrible, un homme tout maigre avec une barbe qui traîne par terre, a fait Garance, quasiment en pleurs.

– Un sadhu, a commenté Pilar, comme elle aurait dit « un vendeur de thé ».

– Il fait trop peur et il est presque tout nu, a gémi Zaouïa.

– Le sadhu est celui qui a renoncé à la société pour se consacrer à sa recherche spirituelle. En tant que renonçant, il a coupé tout lien avec sa famille, a précisé maman. Il ne possède rien ou peu de choses et passe sa vie à se déplacer sur les routes de l'Inde et du Népal...

Je me suis levée pour voir et Jésus m'a suivie. Le sadhu était au coin de la rue. Assis en *padmasana* à même le sol, portant juste un pagne, la peau enduite d'une sorte de boue et de peinture, les cheveux très longs relevés en chignon et une barbe gigantesque. Oui, je comprenais la peur de Garance et de Zaouïa, il était vraiment impressionnant. Enfin pour nous. Parce que, visiblement, tous les autres passants, adultes comme enfants, lui jetaient un regard discret ou pas du tout de regard.

– Ce pays est complètement délirant... j'ai murmuré.

– Ouais, maintenant je comprends pourquoi l'Inde a attiré autant de hippies en rupture avec l'Occident à partir des années 1960 !

– Ouh là là, toi t'as envie de faire atelier sociologie, et très clairement je ne suis pas la bonne personne !

Jésus s'est marré et a posé sa main sur mon épaule. Je me suis demandé si moi aussi je ne délirais pas, puisque juste une main sur mon épaule me troublait. Alors j'ai vite fait demi-tour, la main a lâché mon épaule et nous sommes retournés avec les autres.

Pilar en était maintenant aux vertus thérapeutiques du massage pierre chaude. Elle était grave perchée et plus je l'entendais, plus je me disais que ce que j'avais pris chez Jésus pour de l'arrogance était de la timidité.

Par son style de vie, Jésus se sentait différent, sa culture lui servait à la fois de paravent et de lien avec les autres. Jésus était la parfaite illustration du poncif qui consiste à dire qu'on se construit en opposition à ses parents. Pilar était tellement barrée que lui était à fond dans les études et la normalité. Et au lieu de se moquer de sa mère, il la regardait avec un sourire empli de bienveillance (pour employer un mot de ma mère). Leur relation avait l'air archi cool. Visiblement, ils s'adoraient, même si elle avait tendance à le prendre pour le mec de la famille, et quasiment pour le père de Zaouïa. Et je me suis dit que j'allais tenter une expérience : regarder ma mère de la même façon que Jésus regardait la sienne.

Je l'ai fait. Oui, j'ai imité le regard de Jésus, et au bout de quelques minutes ma mère m'a lancé :

– Pourquoi tu me regardes comme ça, Nina, y a un problème ?

Pas de doute, on ne modifie pas un rapport mère-fille du jour au lendemain, alors j'ai répondu :

– Aucun, maman !

Après le déjeuner, on a laissé Pilar avec ses enfants, et maman nous a entraînées, Garance et moi, dans un centre de massages pieds et mains à l'aide d'une huile qui sentait divinement bon. Ensuite, on a eu droit à une manucure-pédicure, du vernis avec incrustation, et même Val s'est lâchée sur un marron foncé comme dans sa jeunesse !

Puis on a traîné dans les rues et on a encore acheté des bracelets et des écharpes, des petites boîtes, des lampes en tissu et des carnets parce que, niveau papeterie, les Indiens assurent aussi un maximum, et ça me redonnait envie de tenir mon journal sur papier.

Pour finir, on a décidé de prendre un chaï, un thé épicé et sucré, juste délicieux, succulent, fabuleux, et maman m'a dit :

– Alors, tu es contente d'être là ?

À ce moment précis, j'ai pensé à Jésus et je me suis dit : « Arrête de juger ta mère. » Et j'ai pensé à Karen : « Sois douce avec les autres et tu seras plus douce avec toi-même. Si tu ne pardonnes pas, tu ne peux pas avancer. On a trop oublié la notion de pardon alors qu'elle est nécessaire. »

J'ai plongé mon regard dans celui de ma mère et j'ai dit :

– Ton idée était un peu radicale, mais pas si mauvaise que ça, parce que je suis en train de vivre des choses que je n'ai jamais vécues et que je n'oublierai jamais. Merci, maman.

Une lueur d'émotion est passée dans ses yeux, je crois même qu'ils se sont un peu humidifiés. Je lui ai fait un bisou, elle m'a attrapée et m'en a refait un énorme. Évidemment, la Naine est venue se coller à nous sans oublier de me murmurer qu'on devait se dépêcher pour notre mission : récupérer son dessin et aller chez Fulki.

On n'avait toujours rien dit de Fulki à maman.

C'était notre secret et ça nous donnait un petit côté ringard Club des Cinq à trois qui éclatait ma sœur, et nous éclatait aussi, en fait !

28.

Au début, tout s'est passé comme prévu. Garance a remis son dessin à la mère de Fulki, un portrait de sa fille et d'elle dans la cuisine devant une montagne de petits cakes.

La mère a été super émue par l'attention de la petite Garance toujours *so cute* et *so nice*. Elle nous a offert notre second chaï de la journée et des petits sablés au sésame, et même si on avait mangé comme des ogres au déjeuner, j'en ai pris et repris parce que c'était trop bon. Un truc de fou qui valait bien deux kilos de plus dans la foulée.

Fulki, elle, n'a pas touché aux sablés. Ventre noué. Ça n'a pas échappé à Garance qui, une nouvelle fois, a réussi à entraîner la mère dans le potager.

Fulki m'a alors annoncé que la date du mariage avait été fixée pour la fin du mois. Peu importait qu'elle dise oui ou non. Elle serait mariée.

– Je te jure, Fulki, on va trouver une solution pour te sortir de là.

– Impossible, elle a murmuré en secouant la tête.

En l'imaginant au lit avec un vieux de cinquante-trois ans qui aurait tous les droits sur elle, j'ai senti que mes yeux s'humidifiaient.

Je me sentais tellement inutile.

Fulki m'a timidement pris la main pour me réconforter. J'avais honte. C'est elle qui aurait dû pleurer. Pas moi. Et comme pour tenter de me consoler alors que c'est moi qui aurais dû trouver les mots pour le faire, elle m'a dit :

– Si je dois endurer cela aujourd'hui, c'est parce que dans une vie antérieure je me suis mal conduite. C'est le cycle de la réincarnation. C'est ce que nous appelons le karma.

Je me suis redressée aussitôt et j'ai séché mes larmes :

– Ça me gonfle, ces histoires de karma !

– Mais enfin, Nina, ne parle pas comme ça...

– Mais si, ce *fucking* karma, c'est une manière de te faire accepter toute ta misère actuelle !

– Arrête !

– Pourquoi alors ton karma, ce n'est pas plutôt ton amour pour Bheru ? Pourquoi on ne dit pas que ta conduite a été super dans une autre vie et que pour te remercier ton karma t'offre aujourd'hui le mariage avec un jeune garçon trop beau et qui t'aime autant que tu l'aimes ?

Elle a esquissé un tout petit sourire en rougissant un peu et je l'ai serrée fort contre moi.

Pour me consoler ou la consoler ?

Je ne savais plus très bien. Je l'ai serrée vraiment très fort. Un gros et long câlin comme je le fais avec mes copines et elle aussi elle me serrait, comme si à travers moi c'était un peu de son histoire avec Bheru qui la traversait. Nous étions encore dans les bras l'une de l'autre lorsque sa mère est entrée, accompagnée de Garance, et qu'elle a hurlé en hindi quelque chose qui a projeté Fulki dix pas en arrière de moi.

La mère a continué en hindi. Visiblement, elle n'était pas du tout contente. Je ne savais pas pour quelle raison et je n'allais pas le lui demander.

En anglais, sur un ton très sec, elle nous a dit de partir, elles avaient des choses à faire.

Nous avons immédiatement filé et une fois arrivées devant l'ashram, Garance m'a dit :

– Elle a cru que sa fille te disait un secret et elle n'a pas aimé, elle sent qu'on est du côté de Fulki.

J'ai acquiescé, Garance avait sûrement raison, même si je sentais qu'il y avait quelque chose de plus profond qui avait motivé la réaction de la mère, quelque chose que je ne parvenais pas encore à identifier. Elle avait eu comme un sentiment de dégoût à mon égard, un violent rejet.

Nous avons tout raconté à Jésus et lui non plus n'a pas trouvé d'explication au revirement soudain de la mère de Fulki. La cloche du dîner a retenti : toujours la même file silencieuse qui attend les plats et le même appel à la fin du repas pour l'aide aux tâches collectives. Cette fois, Jésus et moi avons fait la vaisselle avec Richard.

Il était vraiment allumé, ultraconcentré sur son éponge, en méditation toujours, partout, et quand pour lui faire une blague Jésus lui a mis une aubergine dans le bac à laver, il l'a effectivement lavée et on a éclaté de rire. Lui aussi. Il doit être vraiment top comme papi.

Puis on a rejoint notre salle de lecture et on a discuté de la façon dont on se voyait plus tard.

Moi, je n'avais aucune idée de ce que j'avais envie de faire, mais lui, évidemment, savait déjà, il voulait faire des maths.

– Tu savais que ce sont les Indiens qui ont inventé le zéro et le jeu d'échecs, bien avant que les Arabes ou les Chinois ne les adoptent ?

– Bien sûr, voyons ! Je ne sais que ça... qui ne sait pas ça ?!

– Tu es géniale, Nina.

– Toi aussi tu es génial, et crois-moi, c'est bien la première fois que je trouve un premier en maths génial !

On s'est marré et on a continué de parler encore et encore, mais cette fois-ci il n'a pas joué avec mes bangles.

Vers 2 heures du matin, on s'est levés, on a arpenté les couloirs avec juste la lampe torche de nos portables, et au moment de se quitter à l'intersection qui séparait nos chambres, il m'a dit :

– Nina, je suis tellement content de t'avoir rencontrée, jamais je n'ai rencontré une fille comme toi.

Puis il a esquissé un geste vers moi qui m'a fait croire qu'il allait me serrer contre lui, mais non, il m'a juste, et presque timidement, « déposé » (c'est exactement le mot que ma mère aurait choisi pour décrire son action) un bisou sur la joue.

Oui, juste un bisou sur la joue et ça a illico relancé mon cheval au galop. Il n'écoutait pas mes rappels à l'ordre. Il s'en fichait complètement, préférant me hennir des choses comme : « Et s'il avait essayé de t'embrasser sur la bouche avec la langue, qu'est-ce que tu aurais fait ? »

Puis Jésus a reparlé de Fulki et de Bheru et je sentais qu'il voulait me dire quelque chose mais qu'il n'y arrivait pas et de mon côté c'était de plus en plus le bazar dans ma tête... Quand soudain il m'a ouvert ses bras façon câlin amical, je m'y suis blottie et mon cheval s'est remis à parcourir des centaines de kilomètres.

– À demain, dors bien, a chuchoté Jésus en desserrant son étreinte.

J'ai acquiescé. Je n'allais pas lui dire : « Oh non, s'il te plaît, tu peux me garder dans tes bras ! »

Or cette nuit-là, j'ai mis beaucoup de temps à trouver le sommeil. Je m'en voulais de penser à l'amour alors que Fulki n'avait pas le droit de vivre le sien avec Bheru...

Le lendemain, après le cours de yoga, j'ai eu besoin de parler de Fulki à Karen. Et je crois bien que Jésus et

Garance aussi en avaient besoin. Besoin de partager ça parce que c'était trop lourd et qu'on peut tout raconter à Karen, parce qu'elle n'est jamais dans le jugement. Karen est une très grande dame en taille et en âme. Oui, je sais, je me la joue un peu poétesse avec cette dernière phrase, mais Karen m'inspire.

29.

Petite précision pour une immense femme (ah ah !).
Au Danemark, Karen était avocate dans le droit des sociétés. Son père et sa mère étaient eux aussi avocats. Elle raconte : « Depuis ma naissance j'avais toujours fait ce qu'on attendait de moi. J'avais bien réussi dans mes études et je gagnais beaucoup d'argent, et puis il y a une dizaine d'années, j'avais trente-deux ans, j'ai dû défendre une multinationale contre ses employés. C'étaient vraiment de sales patrons. On a gagné, mais moi, je n'ai pas vu ça comme un succès. Je m'écœurais un peu et j'ai décidé de faire une pause. De prendre l'air. Un an de congé sabbatique. Le tour du monde. »

À partir de là, elle fait la folle et la fête (ce qu'elle n'a jamais fait quand elle avait vingt ans), d'où ses tatouages et nombreux piercings. Elle découvre l'électro et sa nouvelle passion musicale la conduit en Inde, à Goa. C'est ici, sur les plages, qu'ont lieu les plus importants rassemblements de culture et de musique trance. Et puis comme elle est en Inde, elle décide de s'initier au yoga et à la méditation et de séjourner dans un ashram. Elle explique : « Dans un ashram, le corps et le mental sont apaisés, on s'abstrait de notre rythme habituel qui va parfois trop vite et qui nous laisse trop peu de temps pour nous retrouver avec nous-mêmes. Dans un ashram, tu peux te ressourcer, te recentrer, apprendre à apprivoiser ton présent pour aborder sereinement l'avenir, c'est une énergie de douceur ».

Elle décide alors de prolonger son séjour en Inde encore d'une année car elle a quelques économies, et d'apprendre le hindi. Elle travaille dans des associations qui s'occupent de gamins des rues et retourne régulièrement dans des ashrams jusqu'à trouver celui-ci.

Mais Karen sait qu'elle ne restera pas vivre dans un ashram, comme elle sait qu'elle ne retournera pas vivre en Europe. Sa vie est ici, en Inde. Elle a pour projet d'ouvrir un centre pour des petites filles abandonnées. Chaque femme adulte qui sortira du centre avec un travail et la possibilité de vivre dignement sera la marraine d'une petite fille et devra à son tour l'accompagner. « Je n'ai pas eu d'enfants, mon chemin me conduit à m'occuper d'enfants qui n'ont pas de parents. »

30.

Évidemment, Karen ne détenait pas de solution miracle mais elle nous a aidés à y voir plus clair :

– De plus en plus d'Indiens condamnent le mariage forcé qui est une violation des droits de l'enfant. Ils manifestent en brandissant des pancartes : « *Marriage is a personal choice, don't force children !* » Dans les villes, les mentalités changent peu à peu et beaucoup de jeunes filles parviennent à se marier avec l'homme de leur choix. Mais dans les zones rurales comme ici en Uttar Pradesh, les traditions persistent et quasiment une fille sur deux est mariée avant l'âge de dix-huit ans avec un homme qu'elle n'a pas choisi. Aujourd'hui, il y a même des pères sensibilisés à la cause qui se déplacent de village en village pour demander la fin de cette tradition. Dans une société qui reste très patriarcale, leurs voix sont primordiales pour faire évoluer les coutumes.

En écoutant Karen, je comprenais un peu mieux Fulki : elle acceptait son sort parce que c'était celui de beaucoup d'autres jeunes filles. Mais il y avait une chose qui ne me paraissait pas claire du tout, c'était cette histoire de dot :

– Bheru nous a expliqué qu'une fois mariée la fille part vivre dans sa belle-famille. Donc, l'investissement que les parents ont fait dans la dot de leur fille ne leur rapporte rien à eux !

– *Right !*

– Alors pourquoi si les parents ne retirent aucun bénéfice du mariage de leur fille, ils s'entêtent à lui payer une dot ?

– C'est la coutume, et une question d'honneur. Dès la naissance du bébé, on économise pour la noce. On veut une belle noce, inviter beaucoup de gens. Plus la dot sera importante, plus on pourra espérer marier sa fille dans une famille qui a de l'argent. C'est pour ça que plus tu as de filles, plus ça devient impossible financièrement. Il y a une comptine indienne très populaire qui dit : « Pourquoi es-tu venue au monde, ma fille, quand c'est un garçon que je voulais ? Va donc à la mer remplir ton seau, puisses-tu y tomber et t'y noyer ! »

– Charmant ! a souligné Jésus.

Puis quand Garance a rejoint Zaouïa pour jouer à la marchande, Karen a précisé :

– Avant on tuait les filles à la naissance. Maintenant, avec les échographies, il n'est pas rare, en cas de fœtus fille, que la mère avorte ! En 2001, le recensement a montré que plusieurs millions de femmes « manquaient » statistiquement. On ne les avait pas laissées naître, on les avait tuées à la naissance ou bien on les avait laissées mourir en bas âge. L'Inde est un des seuls pays, avec la Chine, dont la population est majoritairement masculine : quatre-vingt-treize femmes pour cent hommes.

J'aurais pu faire de l'humour un peu débile, lancer un truc comme : « Génial, au moins les filles ont plus de choix ! », mais je n'avais plus le cœur à ça.

– Rapporté à la population indienne, ça signifie qu'il y a à peu près quarante millions d'hommes qui ne trouveront jamais de femmes ! a souligné Jésus, légèrement inquiet.

J'aurais pu m'extasier sur son intelligence, moi qui déjà galère avec un chiffre après la virgule, mais j'ai préféré me dire : « Eh oui, Nina, fais comme Karen, oublie tes préjugés. Il y a des surdoués en mathématiques qui sont aussi des humains géniaux et qui ne portent pas forcément de jugement sur les gens comme toi qui sont derniers en mathématiques ! »

31

Petite précision sur les mathématiques et moi : niveau fractions, j'en suis encore à réfléchir sur 4/12. Excepté quand il s'agit des soldes : soixante-dix pour cent sur vingt-quatre euros, je sais le faire, pas à l'euro près mais je sais. Quand on m'assure que c'est la même chose, je ne comprends pas.

C'est comme prétendre que les mathématiques, c'est logique : Trop drôle... C'est logique d'acheter quatre caisses de melons pour en donner un dixième à sa voisine qui en rétrocédera un huitième à sa mère qui finalement lui en redonnera deux douzièmes ? Je ne connais personne de normal qui ferait un truc pareil, et la prof de maths qui ose me dire que je manque de logique !

Non, justement, je suis archi cartésienne.

Le monde se divise en deux. Il y a des Jésus et des Nina. Il y a ceux qui kiffent les x et y et les autres. Il y a ceux qui ne se demandent pas pourquoi on achète quarante melons et les autres. Jésus pense les mathématiques façon ludique. Il entre dans ce parc d'attractions où les conducteurs de trains fantômes ralentissent puis accélèrent leçon après leçon. Et plus il y a de nombre après la virgule, plus il s'éclate ! Un peu comme ma mère avec son obsession des synonymes. Plus il y a de mots, plus ça l'éclate !

Chacun son truc.

32.

En Inde, jour après jour, je découvrais un monde qui fonctionnait selon une autre logique, et pour oublier les mariages forcés et les caisses de melons, je suis allée me caler au café Internet et j'ai appelé mon père. Mais il était en réunion. Il construit des bateaux en bois et il est souvent en réunion de chantier.

J'ai donc été sur notre groupe FB. Mes copines réclamaient de nouvelles photos. Jusque-là, je m'étais limitée à publier des clichés de rues, de commerces et de femmes en sari, alors j'ai téléchargé mes photos de Sampat en pleine action. Elles ont été bluffées. Parce que même si on est en apparence totalement superficielles, eh bien l'action de Sampat nous avait archi touchées.

Seulement après quelques minutes d'exclamation, elles sont revenues à leur priorité première : les GARÇONS.

Elles voulaient voir des beaux gosses d'ici !

J'ai immédiatement pensé à Bheru. J'avais deux photos de lui et je les ai postées. Aussitôt mes amies se sont mises à liker et à commenter : « Waouh ! », « Trop beau », « Trop stylé », « J'adore ! ».

Ah ah, je n'ai pas pu m'empêcher de rajouter en commentaire « En plus il est trop cool et trop sympa, mais déjà pris !!! » Et un sentiment de tristesse m'a parcourue en pensant à Fulki et à leur amour impossible.

Les filles ont aussitôt commenté : « Et dans les libres ? »

Quitte à passer pour la paumée de service, j'ai annoncé que je n'avais pas d'autres Indiens à « disposition » mais un Espagnol. Un mec génial !

Waouh, je me dévoilais grave...

« Il s'appelle Jésus ! »

J'ai donc publié une photo de Jésus où on voyait peu ses boutons. Aussitôt, elles ont liké, mais pour le prénom elles ont cru à une blague.

Alice m'a conseillé de l'appeler « Jes ».

Pas pu lui répondre. Réseau coupé. Je n'ai pas râlé. Je ne râlais plus pour ce genre d'incidents si fréquents. Je virais « instant présent » façon Karen. Si ça continuait, j'allais me mettre au yoga et à la méditation sitôt rentrée en France. Ma mère est convaincue que la méditation devrait être incluse dans les programmes scolaires, qu'elle relève de l'hygiène de vie.

Dès que je suis arrivée à l'ashram, Jésus m'a annoncé :

– Y a une fête au temple. Garance a vu Fulki sortir de la maison avec ses parents, elle doit y aller, forcément, c'est sa seule sortie autorisée. Bheru y est déjà, il nous attend, on va s'arranger pour qu'ils se voient.

Nous sommes repartis tous les trois avec Garance.

33.

Sur la route du temple, on a croisé des milliers de fidèles. C'était impressionnant et je me suis mise à observer les femmes qui, pour l'occasion, avaient mis leurs plus beaux saris.

La démarche bien droite, mais pas coincée. Droite et souple à la fois. Si élégantes et fières (ma mère dit « altières »). La main gauche posée sur le sari et la main droite, libre, qui part en arrière à chaque pas. La tête comme un peu rejetée en arrière, pas du tout baissée genre soumise. Oui, si altières qu'on ne pouvait imaginer la réalité douloureuse de leur vie, par exemple le sort des veuves que Karen m'avait raconté. Piétinées. Maudites. Quand le mari meurt, l'épouse est privée de ses droits et, toujours pareil, malgré les lois qui devraient l'autoriser à conserver quelques biens, elle est souvent mise à l'écart, obligée d'épouser son beau-frère, rejetée, et recueillie dans des centres pour veuves. Dans l'Inde ancienne, la veuve devait carrément se jeter dans le feu après la mort de son mari. Quand on connaît les différences d'âge qu'il pouvait y avoir entre époux, ça signifie qu'une femme de vingt ans devait s'immoler pour rejoindre son mari sans doute âgé de soixante ans.

Karen le répète souvent : « Comme dans de nombreux pays du monde, la femme n'a de vertu que si elle est soumise à l'homme et c'est ce contre quoi Sampat se bat. »

Aux abords du temple hindou, il y avait un parfum de fleurs dans l'air et autour de nous des milliers de pétales de toutes les couleurs. C'était magnifique. Mais nous ne devions pas oublier notre mission : réunir Fulki et Bheru au moins quelques minutes.

Garance a enfin localisé Fulki grâce à son père qui dépassait tout le monde d'une tête au moins.

Moi j'ai repéré Inesh. Il était avec ses enfants. Un de ses fils aurait été un bien meilleur prétendant au titre de mari de Fulki, mais la dot n'était pas suffisante pour obtenir un époux jeune et beau. Finalement, les hommes s'achètent à hauteur de dot, comme les femmes.

J'ai regardé Bheru. Il n'avait d'yeux que pour Fulki.

Jésus s'est rapproché de moi. Vraiment. Un instant, j'ai cru qu'il... mais je me trompais. C'était juste pour me dire :

– Débrouille-toi pour que Fulki vienne du côté de la poste. J'y vais avec Bheru.

Garance a eu une idée. Elle a toujours des idées.

– Je vais aller voir Fulki et ses parents en pleurnichant. Je vais leur dire que je t'ai perdue et que j'ai envie de faire pipi, que je vais faire dans ma culotte et que j'ai trop peur d'aller seule aux toilettes.

Garance peut avoir de très bonnes idées comme de très mauvaises. Celle-ci semblait très bonne.

Elle a fait exactement comme annoncé et ça a marché.

La mère de Fulki n'avait visiblement rien contre Garance et a demandé à sa fille de l'accompagner aux toilettes.

Oui, je sais, ma petite sœur est parfois trop top (elle a de qui tenir, ah ah !), et en moins de deux minutes Fulki s'est retrouvée devant Bheru.

La manière dont ils se regardaient donnait des frissons. C'était magnifique à voir ! Et quand il lui a timidement pris la main, j'ai eu les larmes aux yeux et je crois bien que Jésus aussi. Garance a murmuré :

– Ils sont trop beaux tous les deux ensemble.

Soudain, alors que je détournais la tête pour vérifier que les parents de Fulki ne surgissaient pas, j'ai vu Inesh se diriger vers nous.

– Attention, Inesh arrive.

Sans même que j'aie eu le temps de réagir, Fulki a alors repoussé Bheru brutalement et elle s'est littéralement jetée dans mes bras. Elle a collé sa bouche à la mienne et m'a passé la main dans les cheveux comme si elle et moi... nous étions ensemble... Comme si c'était moi son amoureuse et pas Bheru ! Je l'ai entendue me chuchoter : « Serre-moi fort » et je l'ai serrée, même si je ne comprenais rien à ce qui était en train de se jouer. Sa bouche sur la mienne, c'était super bizarre, mais je sentais que ce n'était pas le moment de lui dire : « Écoute, j'ai rien contre les lesbiennes, je suis même carrément une *gay friendly*, mais franchement, les filles, je ne pense pas que ce soit mon truc et que ça le devienne un jour. »

Inesh s'est immobilisé à une dizaine de mètres, il était en compagnie d'un de ses fils qui avait une vingtaine d'années.

Père et fils nous fixaient. Leur expression était d'une grande violence. J'ai eu très peur. Vraiment. Puis brusquement, Inesh a fait demi-tour. Son fils aussi. Ils se sont éloignés.

Alors seulement, Fulki m'a lâchée.

– Merci ! Merci !

Je ne comprenais toujours pas. Je n'étais pas certaine que le merci concerne le baiser et je n'ai pas eu le temps de le lui demander car elle a disparu pour rejoindre ses parents, tandis que Bheru retrouvait les siens.

34.

Quand on s'est retrouvés tous les trois seuls, Garance a eu la bonne idée devant Jésus de me lancer un :

– Tu vois que même avec ton appareil et tes boutons, tu plais !

J'ai eu envie de l'étrangler, mais je me suis calmée en me promettant de me venger quand dans quelques années j'aurais la peau lisse et plus elle. Et surtout, je me suis calmée parce que Jésus lui a rétorqué exactement ce que je pensais :

– C'est pas cool, Garance, de dire ça à ta sœur. On est à l'âge où on a tous des boutons. Moi aussi j'en ai et crois-moi que c'est pas un choix !

Garance a baissé les yeux : Jésus l'impressionnait beaucoup.

– Pardon, Jésus, pardon, Nina, pardon, elle a murmuré en me faisant un gros câlin. Je recommencerai plus.

On est repartis pour l'ashram en s'interrogeant sur le comportement de Fulki sans trouver réellement de réponses, si ce n'est un raisonnement archi logique façon Jésus :

– Elle ne voulait pas impliquer Bheru. Elle a peur pour lui, pour sa famille. Inesh est puissant. Alors elle s'est jetée sur toi pour justifier le fait qu'elle avait déserté sa famille. C'est tout.

Oui, c'était sans doute ça. Sauf que Fulki avait plutôt eu l'air heureuse de ce qui s'était passé. Elle n'était pas victime mais plutôt maîtresse de la situation.

À la tombée de la nuit, nous avons décidé d'aller espionner du côté de chez elle. Nous voulions savoir, nous étions un peu inquiets. Est-ce qu'Inesh était allé voir ses parents ?

Nous avons quasiment rampé jusqu'à la fenêtre de Fulki. Elle était seule dans sa chambre. Nous avons toqué à sa fenêtre. Elle a aussitôt ouvert, elle semblait à la fois inquiète et calme…

– Mariage annulé !

Garance, Jésus et moi, nous nous sommes regardés, un peu perplexes mais tellement heureux.

Fulki a continué :

– Merci, Nina, merci. Je suis libre. Libre. Merci !

– Pourquoi tu me dis merci ? Je n'ai rien fait.

– Mariage annulé pour cause d'épouse déviante ! Inesh ne veut pas ternir l'image de sa famille en y faisant entrer une épouse comme moi !

J'ai commencé à avoir une petite idée de ce qui l'avait poussée à brusquement délaisser Bheru pour se jeter dans mes bras devant Inesh et elle s'est expliquée :

– Hier, quand ma mère nous a surprises, Nina et moi, en plein câlin, ça l'a rendue dingue. Elle a tout de suite ordonné à Nina de partir et m'a dit qu'elle ne voulait plus qu'elle mette les pieds dans cette maison, qu'elle était déviante. J'avais beau lui répéter que c'était juste amical, elle ne me croyait pas. Je devais me méfier de Nina. Ma mère n'arrêtait pas de répéter qu'en Europe l'homosexualité est partout, que les déviants ont même le droit de se marier entre eux. Et plus ma mère me parlait de toi avec dégoût, plus elle me donnait l'idée qui peut-être me sauverait : faire croire que j'étais homosexuelle et donc, dans leur tête à eux, déviante. Sauf que je ne savais pas comment m'y prendre. Alors, quand j'ai vu Inesh surgir avec son fils, je me suis dit que c'était le moment, que jamais Inesh n'annulerait le mariage pour m'avoir surprise dans les bras de Bheru. Pas assez tabou. Mais me surprendre dans les bras de Nina, et devant son fils, oui, ça, ça pouvait suffire. Et ça a marché. Inesh est venu à la maison et m'a demandé si j'étais déviante. J'ai dit : « Oui, depuis toujours. » Inesh ne veut pas courir le risque d'être ridicule devant sa famille et il a annulé le mariage.

– Okay, mais tes parents, comment ils ont réagi ? j'ai demandé.

– Mal... mon père a dit qu'il ne voulait plus me voir, que je devais quitter la maison... alors j'ai fini par avouer que je n'étais pas déviante mais que j'étais tellement désespérée que j'avais fait ça... par amour... parce que j'aimais Bheru depuis que je suis petite... et que lui et moi on voulait se marier...

Il y a eu un silence. On sentait que son cœur battait à tout rompre et qu'elle avait du mal à continuer, mais nous, on ne voulait pas partir sans connaître la fin...

– Et... donc... ? a fait Jésus.

– Quand j'ai parlé de Bheru, mon père s'est mis à hurler et ma mère à pleurer. Heureusement mon frère a téléphoné à ce moment-là. Mon père lui a expliqué la situation. Et mon frère lui a répondu que les temps changeaient en Inde, que beaucoup de jeunes filles choisissaient leur amoureux, que c'était un droit... et que ces filles-là étaient tout aussi respectables que les autres. Puis il a demandé à me parler et m'a dit qu'il me soutiendrait, que Bheru était un garçon honnête. Il a promis de venir à la fin du mois pour parler de Bheru à notre père et peut-être le décider à aller rencontrer sa famille, que je devais juste être un peu patiente.

– Il est trop gentil, ton frère, a souligné Garance.

– Écoute, franchement, je ne m'y attendais pas. D'habitude il me parle à peine...

– Peut-être que lui aussi est amoureux et que du coup il comprend ce que tu ressens, a fait Jésus en me regardant.

Et là, pour la première fois, j'ai été comme convaincue que Jésus ressentait quelque chose de profond pour moi... quelque chose qui ressemblait sans doute à ce que je ressentais pour lui...

Ce n'était peut-être pas encore ce que Fulki éprouvait pour Bheru, mais ce n'était pas non plus seulement de l'amitié...

– C’est comme une histoire de princesse, a souligné Garance. Un baiser t’a libérée.

Et cette fois, c’est moi qui ai fait un énorme bisou sur la bouche de Fulki et nous avons tous rigolé en promettant d’aller tout de suite transmettre la bonne nouvelle à son « prince ».

35.

Quatre jours après l'annulation du mariage de Fulki, c'était la date de notre retour.

Je me suis retrouvée aussi triste qu'à mon arrivée : pourquoi rien n'allait-il jamais dans le bon sens ?

J'avais d'abord été super déprimée de me retrouver dans un ashram en quasi solo (ma mère dit « en huis clos ») avec Jésus, et maintenant j'étais trop déprimée non pas de quitter l'ashram (il ne faut pas exagérer non plus), mais de me séparer de Jésus.

Et puis il y avait Karen. J'adore cette femme même si je n'adore rien de ce qu'elle aime, et quand elle est arrivée dans la chambre pour me faire ses adieux, j'ai été très émue. Même son odeur d'encens que je détestais dans un premier temps, eh bien je l'aimais maintenant. C'était son odeur, donc une bonne odeur.

– Quand je pourrai voyager seule, je viendrai t'aider dans ton orphelinat, même si les gosses c'est pas trop mon truc et que j'en aurai jamais !

– Nina, comment peux-tu dire une chose pareille ?!

– C'est vrai !

– Non, ce n'est pas vrai. Le passé est passé. Le présent, c'est aujourd'hui, et le futur est fait d'une multitude d'événements qui vont continuer de s'enchaîner et que tu ne connais pas encore. Donc tu ne peux pas connaître ton futur.

– Mais...

– Nina, je te le répète, sois juste un peu plus gentille avec toi-même.

– Mais je le suis...

– Tu ne l'es pas ! Tu es sans cesse en colère contre toi, contre ta mère, contre ta petite sœur.

J'ai éclaté en sanglots, elle m'a prise dans ses bras et c'était comme si toute la gentillesse et la chaleur qu'elle avait dans son cœur m'enveloppaient. Je ne savais plus si je pleurais de la quitter ou si je pleurais sur moi et de toute cette violence que je sens continuellement en moi, de cette sensation d'abandon aussi – comme si ma mère se fichait de moi parce que maintenant Garance est là et qu'elle est parfaite. Je m'en veux d'être jalouse de Garance. Je n'ai aucune confiance en moi. J'aime ma mère et je la déteste aussi, parce que autant je l'admire dans sa capacité à travailler et à assurer toutes sortes de choses sans l'aide de personne, autant je la trouve nulle en ce qui concerne les sentiments.

Un jour qu'on parlait d'élever des enfants, elle m'a dit : « Être mère, ce n'est pas un métier. » Je lui ai répondu :

« Ce n'est pas non plus une activité en plus pour faire bien sur un CV ! » Et évidemment le ton est monté entre nous... Vraiment monté. Surtout quand elle m'a dit qu'on en reparlerait quand j'aurais des gosses et que je lui ai dit que j'en aurais jamais parce que j'aurais trop peur de lui ressembler. Évidemment elle m'a dit que la porte était ouverte et que je pouvais partir vivre à Dublin ! Après je lui ai envoyé un SMS d'excuse et elle aussi : ni l'une ni l'autre, nous ne pensions ce qu'on avait dit à l'autre. C'est souvent comme ça entre elle et moi. Il faudrait juste qu'on arrive à ne pas se dire ces choses, et du coup ça nous éviterait d'avoir à nous excuser après.

– *Don't forget meditation, Nina !*

– Je vais essayer de rester dix minutes chaque jour concentrée sur ma respiration et laisser les pensées affluer, sans m'y accrocher, laisser les pensées passer comme les nuages dans le ciel ou l'écume sur les douces vagues. Enfin, je vais essayer, quoi.

– *Great !*

Elle m'a tendu un petit objet enveloppé dans du papier de soie rose fuchsia, clin d'œil à Sampat. C'était une mini statuette de Ganesh en bronze, ma divinité préférée à tête d'éléphant. Quand Garance nous a rejointes, elle lui a tendu un autre objet beaucoup plus long enveloppé également dans du papier de soie rose fuchsia : un *lathi*, exactement le même que celui que les guerrières brandissaient devant le garagiste.

Garance a hurlé de joie et a couvert Karen de bisous. Quand Jésus est arrivé, elle lui a livré un combat imaginaire et il a joué au vaincu : étalé au sol avec le *lathi* de Garance pointé sur son cœur.

36.

Ma mère avait décidé qu'avant l'aéroport de New Delhi nous ferions une halte à Agra, la ville du Taj Mahal (monument le plus connu – ma mère dit « emblématique » – de l'Inde, comme Big Ben pour les Anglais ou la tour Eiffel pour les Français), et qu'on ferait la route en train, parce que le train c'est vraiment l'Inde.

Jésus a décidé de nous accompagner jusqu'à la gare et... comment raconter ça... disons qu'au moment des adieux sur le quai je suis restée quelques secondes seule avec lui. Il m'a fait un gros câlin. Un câlin d'ami. Puis j'ai senti ses lèvres dans mon cou et ça m'a fait frissonner de partout. Puis il les a enlevées et il est reparti sur le câlin ami et puis il m'a fait un gros bisou sur la joue avant de plaquer ses lèvres sur les miennes. Et je crois que c'était un tel choc pour lui et pour moi qu'on a encore mis un peu de temps à entrouvrir nos lèvres et on n'a pas eu le temps de le faire à fond parce que Garance m'a hurlé de monter, que le train allait partir, qu'elle avait peur de me perdre.

On s'est lâchés. On s'est regardés et il a bafouillé un :

– Tu… tu… me manques déjà…

Et moi, j'ai tout autant bafouillé pour dire :

– Toi… toi aussi…

Avant d'entendre de nouveau la voix de Garance qui hurlait :

– Monte, Nina, monte, tu vas rater le train…

Je suis montée. Le train est parti. Garance semblait super émue. Elle avait tout vu et me faisait un signe indiquant que maman, elle, n'avait rien vu. Notre installation accaparait toute son attention. Faut dire que l'ambiance du compartiment aux sièges en bois façon archi vintage ne ressemblait en rien à notre TGV…

Maintenant je peux le clamer haut et fort : qui n'a pas pris le train en Inde n'a pas vu l'Inde !

Il paraît qu'il existe toutes sortes de classes et de catégories dans les trains en Inde, et nous nous sommes retrouvées dans un wagon sans climatisation avec beaucoup d'enfants et de familles qui ne cessaient de boire et de manger et qui s'installaient comme s'ils allaient y vivre pendant des jours.

Au bout d'une demi-heure de trajet, nous nous sommes arrêtés. J'ai alors compris que non seulement le train allait s'arrêter à chaque gare mais qu'il allait y rester plus ou moins longtemps, nous laissant la sensation qu'on ne repartirait jamais et donnant l'occasion à chaque arrêt d'accueillir tout un tas de marchands ambulants. Ils vendaient du thé, des samosas et toutes sortes de choses improbables comme des fouets, comme si un parent allait se dire : « Allez, un petit fouet pour frapper mon gamin pas du tout sage aujourd'hui. »

Et ici, comme partout dans les rues, les gens s'endormaient au milieu de l'agitation, du bruit et des sifflets des chefs de gare.

Au fil du voyage, j'ai surtout compris que les doubles voies n'existaient pas et que donc, quand un train arrivait en face d'un autre, l'un des deux se rangeait sur le côté pour laisser le passage. Enfin, un vieux monsieur m'a juste trop réconfortée en me précisant que malgré la lenteur il y avait une catastrophe ferroviaire chaque mois en Inde !

J'ai quand même fini par somnoler et j'ai pensé et repensé au baiser de Jésus et ça a relancé mon cheval, il galopait dans tous les sens mais je le laissais galoper... nous galopions ensemble et c'était bon... si bon... je me demandais quand même si je n'avais pas rêvé ce qui s'était passé, mais Garance m'a rassurée. Comme une petite souris elle s'est glissée contre moi et m'a murmuré :

– Tu penses à Jésus, hein ?

– Pourquoi tu dis ça ? je lui ai murmuré à mon tour.

– J'ai vu...

– Je sais que t'as vu mais t'as vu quoi exactement...

– Le bisou...

– Et maman ?

– Non... elle regardait pas à ce moment-là... mais ça t'a fait quoi, son bisou ?

– Je sais pas te dire... c'était... je sais pas...

– Je dirai rien à personne.

– Ni à maman ni à papa ?

– Je te promets... tu sais, moi aussi je l'adore...

On a peu à peu glissé dans le sommeil, et après la tombée de la nuit nous sommes arrivées à Agra avec la sensation que nous avions voyagé depuis des semaines. On était poussiéreuses et mes cheveux sentaient un mélange de friture et de curry. Mais ô joie ! Ma mère, pour une fois, avait assuré comme une mère « normale ». Elle avait réservé un « vrai » hôtel avec une « vraie » salle de bains dans la chambre, et au cœur d'un jardin avec arbres centenaires la meilleure des surprises qu'on pouvait espérer : une PISCINE.

Une vraie et grande piscine !

On a dit à Val qu'elle était la meilleure des mamans et même moi je l'ai pensé aussi fort que Garance. On a dû passer quatre heures dans l'eau, et à la fin on avait la peau des doigts largement flétrie.

C'est dans l'eau que la différence d'âge entre Garance et moi se perçoit le moins, parce que dans l'eau je reste une gamine qui fait le poirier comme quand j'avais six ans.

Le soir on s'est habillées élégamment. Même ma mère s'est maquillée légèrement et je l'ai trouvée très belle. On est allées dîner dans un restaurant qui nous faisait penser à *Devdas* tellement les décors étaient incroyables, et les femmes en sari qui nous servaient magnifiques. Mais malgré toute leur beauté et leur grâce, je ne cessais de me demander quelles avaient été leur enfance et celle de leur mère et de leur grand-mère. J'avais la sensation que plus jamais je ne pourrais regarder *Devdas* de la même façon, parce que je pouvais maintenant mettre une histoire sur la douleur des femmes.

Au cours du repas, Garance et moi avons décidé de tout raconter à maman au sujet de Fulki. Elle nous a écoutées avec beaucoup d'attention. Contrairement à ce que je pensais, sa première réaction n'a pas été de nous reprocher de ne pas l'avoir tenue au courant et d'avoir préféré en parler à Karen, mais bien de la fierté face à notre attitude et à notre volonté d'aider Fulki.

Elle nous a demandé des tas de détails, et pendant qu'elle nous écoutait, elle a commandé une bière indienne, puis une autre.

– Alors, Val, la détox c'est déjà terminé ?

Elle a rigolé. Pas de doute, si elle éclatait de rire alors que je l'appelais Val, c'est qu'elle commençait à être pompette.

Heureusement, l'hôtel était quasiment en face du restaurant et c'était tellement bon de dormir dans un grand lit avec de vrais draps qui sentent bon et une vraie salle de bains avec plein de produits de toilette offerts et une douche avec un vrai débit d'eau.

Seulement on n'a pas pu rester faire la grasse matinée. Parce que maman avait décidé que le Taj Mahal, littéralement le « palais de la Couronne », se visitait aux aurores !

En sortant du lit, Garance et moi avons sérieusement râlé. Normal. Mais en approchant du monument, on était trop contentes. Les premières lueurs du jour caressaient le marbre blanc incrusté de pierres précieuses, le faisant passer du pourpre au bleu pâle puis à l'or flamboyant. C'était féerique, prodigieux, magique, fantastique, mystérieux et invraisemblable à la fois, tellement fort comme vision que pour la peine j'ai ouvert le dictionnaire des synonymes, histoire de célébrer ma mère et son obsession des mots !

Puis, le guide Lonely Planet en main (en version *English, of course*... parce que même ça il faut le faire en VO !), elle nous a expliqué qu'au XVIIe siècle l'empereur avait fait édifier ce bâtiment extravagant pour recevoir le corps de sa seconde épouse adorée morte en mettant au monde leur quatorzième enfant. On dit que cette mort lui avait brisé le cœur et blanchi les cheveux en une nuit ! À sa mort, il a été inhumé aux côtés de son épouse.

– T'es en train de nous dire qu'en fait on visite un tombeau immense ?

– On appelle cela un mausolée, Nina !

– Tombeau ou mausolée, maman, je comprends mieux pourquoi t'as absolument tenu à le visiter. En fait, ton symbole de l'amour est un mausolée de l'amouuuuur...

Elle a esquissé le rictus qu'elle esquisse le plus souvent avec moi et qui signifie : « Quel sens de la repartie, bravo ! » Et ça ne l'a évidemment pas empêchée de continuer sa lecture en anglais. Avec Garance, on s'est regardées, genre : « Est-ce que tu crois qu'elle va lire tout le chapitre ? » Mais bon, ce voyage finissait tellement mieux qu'il avait commencé qu'on l'a laissée se répandre en explications avant de traverser les allées magiques du jardin où tant d'Indiens et de citoyens du monde se sont dit « je t'aime ».

Avec Garance, on a pensé très fort à Fulki et à Bheru, au courage de Fulki. Puis Garance est venue poser sa petite main dans la mienne et m'a chuchoté :

– Tu penses encore à Jésus...

– Oui...

– Vous allez faire l'amour...

– Mais enfin, Garance, ça va pas !

– Ben quoi, c'est ce que font les grands...

– Garance, ça me gêne trop de parler de ça avec toi.

– Pardon... pardon... je suis sûre que lui aussi il est en train de penser très fort à toi.

Parfois Garance a des accès (ma mère dit « fulgurances ») d'attention.

– Tu sais, ça serait trop bien si c'était mon beau-frère parce que comme ça je pourrais m'amuser avec Zaouïa.

Ce qui est bien avec Garance, c'est que même quand elle pense à moi, elle n'oublie jamais son propre intérêt !

37.

De nouveau la route. Direction l'aéroport de New Delhi. Cette fois en voiture avec un chauffeur qui parlait non stop dans un anglais que l'on pouvait imaginer mais pas comprendre, même ma mère avait du mal. Et de nouveau des rues sans fin surchargées de trop de bruit, de gens, de vélos, de motos, de rickshaws, de taxis, de voitures, de bus, de Klaxon, de vaches, de mendiants, et de marchands ambulants de samosas, de jus de fruits et même de cadenas, et de déboucheurs de toilettes.

Des rues trop pleines de tout.

Je collais mon visage à la vitre fermée parce que c'était tellement pollué que nous étions obligées de transpirer plutôt que de respirer l'air extérieur. J'observais encore et encore les femmes qui évoluaient avec cette démarche majestueuse qui donne la sensation qu'elles sont en suspension au-dessus du sol, qu'elles l'effleurent à peine. Puis encore des gens et des gens, immobiles ou mobiles, debout ou accroupis. Je savais que pour moi l'Inde, ce ne serait ni le Taj Mahal ni l'ashram, mais le souvenir de ces rues remplies de trop de tout, et que ce pays m'attirait et me révulsait dans un même mouvement.

Arrivée à l'aéroport. De nouveau, changement de décor.

Comme deux mondes clôturés par des barrières invisibles.

Ces Indiens vivent dans le même pays, à la même époque, mais sans se voir. Jamais. Toujours des femmes en sari, mais des saris de soie parfois même brodés d'or. *Devdas*. Des bijoux. Des vrais. Et les femmes élégantes en costume traditionnel côtoient les femmes d'affaires habillées à l'occidentale. Et puis les touristes, sacs à dos ou valises. Façon hippies vraiment déjantés ou Européens en quête de spiritualité bourgeoise.

Bonne nouvelle : j'avais toutes les barres de réseau et du wifi haut débit. Jésus venait de m'envoyer un message. Il était arrivé à Bruxelles. Et je lui manquais trop. OK. Mais manquer comment exactement ?

Dans ma tête il n'y avait même plus besoin du cheval pour lancer le galop. Esprit, mental, cerveau, crâne, tout s'emballait, alors j'ai juste répondu : *Toi aussi. Je suis à l'aéroport de New Delhi.*

Salle d'embarquement. Avion. J'ai dû déconnecter mon téléphone, et cette fois-ci maman s'est retrouvée entre Garance et moi et je n'ai pas eu à changer de place. Nous avons reparlé de Fulki et maman a dit :

– Même en France, il y a encore des jeunes qui, lorsqu'ils avouent leur homosexualité à leur famille, sont renvoyés de chez eux et se retrouvent à la rue. C'est pour ça qu'il faut continuer à être vigilant, ne pas croire que nous vivons dans un monde libre et parfait. Accepter l'autre tel qu'il est, même différent.

– OK, maman, mais si j'étais homo, qu'est-ce que tu dirais ?

– Rien.

– Ça ne te ferait rien !

– Je n'ai rien à redire à cela, si c'est vraiment toi, ça fait partie de toi.

– À toi ça ne te ferait rien, OK, mais à tes amis ? Moi avec une fille devant tes amis, certains te feraient peut-être une réflexion ? !

– Nina, si jamais un de mes amis se permettait une réflexion parce que ma fille est lesbienne, ce ne serait plus mon ami !

À ce niveau-là, j'ai plutôt de la chance avec ma mère. Ça compense tous les autres où elle me déprime sec !

J'ai fini par m'endormir en pensant à Jésus et je me suis réveillée en pensant à lui. Je me suis répété : « Tu verras, dès que demain tu retrouveras ta bande de filles devant les grilles du collège, tu oublieras l'Inde et Jésus. »

38.

… Mais ça n'a pas fonctionné tout à fait ainsi ! Oui, j'ai été heureuse de retrouver ma bande de filles, c'est-à-dire ma vie. Elles aussi ont été heureuses de me revoir et pas seulement pour les bangles et écharpes que j'avais rapportés.

Au collège, on était vraiment devenues la *bangle team* et chacune avait dévoré l'histoire de Fulki. Pour elles comme pour moi, Fulki incarnait le courage et la détermination.

J'ai montré mes photos de Sampat au professeur d'histoire-géographie. Il est resté scotché et m'a demandé de présenter un bref exposé sur le Gulabi Gang. Je l'ai fait. Il m'a félicitée et applaudie. Toute la classe aussi. C'était bien la première fois que ça m'arrivait et j'avoue qu'une fois le moment de gêne passé ça m'a fait super plaisir.

Donc il y avait toujours ma bande de filles, sauf que maintenant j'avais aussi une autre vie, qui se résumait à un seul prénom : Jésus.

On s'envoyait cinquante messages par jour mais c'était comme s'il n'y avait jamais eu de bisou... toujours des messages « d'amis », alors que plus les jours passaient, plus je savais que de mon côté il ne me manquait pas uniquement comme ami. Je n'arrivais pas vraiment à en parler, excepté à Alice parce que Alice est un immense tombeau de discrétion. (Pardon, maman, je voulais dire un « mausolée » de discrétion.)

Le genre de personne qui aurait pu faire de la résistance parce que justement elle aurait résisté à toutes les tortures plutôt que de révéler un secret.

Le problème, c'est qu'Alice me répondait des trucs comme : « Je comprends, Nina, que t'oses pas reparler de ce qui s'est passé entre vous sur le quai de la gare. Moi aussi à ta place je n'oserais pas. Tu ne vas pas risquer de briser une telle amitié si jamais au final y a rien... et que ce baiser un peu plus qu'un baiser d'ami, c'était juste parce que vous n'alliez pas vous revoir avant longtemps... »

Merci Alice !

Il était clair que ce n'était pas Alice qui allait m'aider à vaincre ma timidité maladive en matière de sentiments amoureux, puisque visiblement elle souffrait du même handicap que moi.

Donc avec Jésus, on s'envoyait des messages et on s'appelait quasiment chaque jour pour se raconter nos journées, nos rêves, nos envies, et même faire des maths quand je ramais trop.

Et un soir, même la séquence géométrie a viré séquence comédie quand il m'a fait :

– Nina, ça sert à quoi, une règle...

– Tu plaisantes... là... je suis pas aussi débile que ça...

– Nina... à quoi ça sert...

– Ben... une règle, ça sert à tracer un trait !

– OK... Nina, bien, mais en géométrie... quand t'as deux points... à quoi ça sert, une règle ?

– Ben... à tracer une droite...

– Nina, à mesurer ton segment, mesure ton segment...

On a éclaté de rire. Et quand j'ai raccroché, mon cheval s'est remis à galoper en se fichant de tous les segments et de tous les théorèmes de Pythagore et de Thalès, et pourtant je tenais ma promesse.

Je méditais.

Pas en lotus ni même en tailleur, mais assise bien droite sur une chaise, les pieds ancrés au sol. Karen m'avait dit que si j'avais très mal au dos, je pouvais méditer ainsi.

Je méditais donc, mais mon cheval continuait de galoper, et de toute façon Karen m'avait prévenue que la méditation n'était pas une pilule magique qui calmait d'un coup de paracétamol.

Évidemment, Garance a voulu faire comme moi et elle aussi s'est mise à méditer (mais directement dans la position traditionnelle, celle du Bouddha), et maman a fini par se demander si on n'avait pas reçu (enfin surtout moi) un choc à la suite de notre séjour en Inde.

– Tu sais quoi, maman, je lui ai dit, t'es jamais contente : je médite pas et tu trouves ça nul, mais quand je m'y mets, forcément je ne fais pas comme il faudrait. En fait, pour être ta fille, faudrait suivre une formation !

Val s'est éloignée en levant les yeux au ciel, genre ma « pauvre » fille et Garance m'a reparlé de Jésus.

Elle m'en parlait tout le temps !

Faut dire que Garance a toujours été à fond sur les histoires d'amour alors pour une fois qu'il y en avait une tout près d'elle, elle ne voulait pas en perdre une miette : « Tu comprends, Nina, un amoureux c'est pas comme une amie, un amoureux ça fait partie de la famille et ta famille c'est beaucoup Moi ! »

Bref ! J'ai passé des soirées avec elle à voir ou revoir des comédies romantiques qui me faisaient délirer quand j'avais son âge, parfois ça me faisait monter les larmes aux yeux, et elle jouait à la grande en m'appelant « chaton » et en me prenant dans ses bras.

39.

Les semaines ont passé et je devais être vraiment bizarre parce qu'un matin ma mère m'a fait :

– Qu'est-ce qui se passe en ce moment, Nina ?

– Rien !

– Je vois bien que ça ne va pas. C'est le collège, c'est ça ? Tu as eu un problème, une mauvaise note ?

– Mais non, t'inquiète, ça concerne pas le collège ni une note !

– Donc tout va bien.

J'ai senti ma colère monter.

– Maman, t'as vraiment un sacré problème… un *big* problème…

– Je ne vois pas, non…

– Tu ne vois pas que tu es en train de me dire : « Eh bien, ma fille, si ce n'est pas une mauvaise note, c'est que tout va bien ! »

– Euh…

– T'as toujours pas compris que j'étais pas aussi douée que Garance et que je serais jamais dans les premières. J'en ai rien à faire, je veux juste ne pas être dans les dernières et même ça, ça me demande un boulot énorme. Alors fiche-moi la paix...

– Ça va, Nina, baisse d'un ton !

– Non, ça va pas ! Ça t'arrive de t'imaginer que dans la vie d'une fille de quinze ans il peut y avoir d'autres choses importantes qu'une mauvaise note en maths ?

– Tu... as un problème de cœur ?

– Bien, maman, tu progresses, c'est bien...

– T'es amoureuse... Tu ne vas pas... au moins... enfin... je veux dire, tu n'as pas encore...

– Y a que ça qui t'inquiète, que je couche ! Je te parle d'amour et tu me parles de sexe !

– Nina, s'il te plaît, pas devant Garance.

– Ne t'en fais pas, quand je serai prête à faire ma première fois, je te ferai signe, mais pour le moment je vais attendre un peu parce que je commence juste à ne plus galérer quand je mets un tampon et...

– NINA !!! Tu es d'une vulgarité ! Et devant ta petite sœur, en plus, bel exemple !

– C'est toi qui es vulgaire. Moi je parlais d'amour !

– Ça suffit, Nina !

Là, Garance a rigolé et clamé :

– Ça va, maman, je sais ce que c'est, un tampon... et à quoi ça sert, Nina a raison.

Maman a vu rouge, vert, bleu, enfin toutes les couleurs de l'arc-en-ciel parce que maman n'est pas habituée à ce que Garance aille autant dans mon sens.

Et surtout, je crois qu'elle était surprise que le ton remonte entre nous parce que depuis notre retour d'Inde, il y avait deux mois, c'était plutôt tranquille (ma mère dit « serein »).

À plusieurs reprises alors qu'elle m'énervait, j'avais pris l'option Jésus, respirer et sourire, ne pas juger parce que ça prend trop d'énergie... Sauf que je le redis, Pilar est vraiment cool avec son fils. Jésus fait absolument ce qu'il veut. Ce qui n'est pas mon cas. Mais alors pas du tout !

Bref, ma mère avait naïvement dû penser que ma « crise » d'ado était terminée.

Erreur !

Je relève sans doute de la catégorie de celles qui ne terminent jamais leur crise d'ado avant d'être mères, comme dit mamie.

Telle mère, telle fille, hi hi !

Je me suis réfugiée dans ma chambre et Garance est venue me faire un câlin en me précisant que maman lui avait posé des tas de questions sur le « garçon » et qu'elle n'avait rien dit, trop fière de sa discrétion.

Elle était encore avec moi quand j'ai reçu un message de Fulki : on a poussé un immense cri de joie !

Fulki nous écrivait que grâce à son frère aîné (qui, comme l'avait imaginé Jésus, était très amoureux d'une jeune femme qui en plus n'était pas de sa caste, alors c'était très compliqué entre les familles) elle avait enfin obtenu l'accord de son père pour son mariage avec Bheru. Et Bheru avait eu l'accord du sien pour que surtout il n'y ait aucune dot. Dans un mois, ils seraient mari et femme. Et même si elle précisait qu'avec ses parents les relations étaient toujours très tendues, on sentait que Fulki était heureuse comme elle ne l'avait jamais été.

On lui a répondu qu'elle était un exemple pour toutes les jeunes filles indiennes qui défendaient leur droit à l'amour ! Même si ça me faisait bizarre de penser qu'Alice, Salomé, Elsa ou moi-même on aurait pu se marier l'an dernier si on était en Inde. Fulki avait raison, selon les coutumes, ce qui pouvait choquer dans un pays pouvait ne pas choquer dans un autre et inversement.

40.

Le lendemain, c'était un vendredi soir. J'étais dans ma chambre, allongée sur le tapis à bouclettes, mon prochain et dernier contrôle de géographie de l'année sous les yeux. Le paragraphe « disparités entre pays riches et pays pauvres » sous l'œil gauche et mon ordinateur portable sous l'œil droit, commandé de la main droite, tandis que l'autre main tenait le mobile. Et alors que je passais avec dextérité de Facebook à l'envoi et à la réception de SMS, ma mère est rentrée à la maison et nous a demandé de rappliquer illico : elle avait une surprise.

Aussitôt les pas précipités de ma petite sœur déboulant de sa chambre en direction du salon ont claqué sur le parquet.

Je n'ai pas dû me bouger assez vite, car Miss Chérie Parfaite a ouvert ma porte à toute volée et a fait :

– Arrête de faire ta belle, tu peux pas venir quand maman te le demande ? C'est pas bien de ne pas répondre à maman !

J'ai pris mon temps.

Sur la table, il y avait un sac en papier du traiteur espagnol. Ça embaumait tout le salon.

Une fragrance de paella à vous transporter directement au pays des castagnettes.

– En juillet, nous partons en Espagne pour quinze jours, a lancé maman avec un grand sourire.

Moi aussi je lui ai lancé un grand sourire tout en pensant : « Ma vieille, si tu crois que tu vas m'avoir comme la dernière fois, tu te trompes. Si tu crois que je vais me retrouver dans une cellule d'un couvent de nonnes ou sous des tentes mongoles du côté de Zaragoza, tu fais une grave erreur. »

– Tu peux préciser où exactement en Espagne ?

– C'est une surprise.

– Je ne veux pas de surprise. Je veux savoir exactement où on va dormir !

– Moi aussi, comme Nina, je veux savoir ! a surenchéri Garance.

– Mais... y aura plus de surprise !

Garance et moi on s'est regardées :

– On veut pas de surprise !

– Comme vous voulez... on va dans la *finca* de la grand-mère maternelle de Jésus et de Zaouïa et c'est...

– Tu... tu veux dire que Jésus sera là ? j'ai réussi à bredouiller.

– Oui, Jésus, Zaouïa et leur mère.

Garance a failli me sauter dessus tellement elle était contente. Moi je me suis obligée à rester calme. Ma mère a servi la paella. J'avais le ventre noué. Je me suis forcée à manger un peu : trop peur de me dévoiler devant ma mère.

Et pendant que je mangeais, je me concentrais sur chaque mastication pour essayer de ne pas trop « galoper », mais ça ne fonctionnait pas, et une fois que j'ai été seule dans ma chambre, mon cheval s'est brusquement arrêté de galoper. Il s'est mis au pas pour directement compter les heures qui me séparaient du départ. Là, un message de Jésus s'est affiché sur mon mobile : *Je suis trop content. Tu me manques tellement.*

De nouveau je me suis dit « mais il entend quoi au juste par son : *Tu me manques tellement* » ?

Il aurait quand même pu être un peu plus clair (ma mère dit « explicite »), ajouter quelque chose comme : Parfois je repense à ce fameux baiser sur le quai de la gare et je me dis que j'ai tellement envie de te retrouver.

Quelque chose de ce genre m'aurait vraiment aidée à y voir plus clair parce que moi je n'arrêtais pas d'y penser et même si j'étais super gênée à l'idée de recommencer, j'en avais aussi trop envie…

Mais comme il n'a rien ajouté, j'ai juste répondu : *Moi aussi tu me manques, ça va être génial de se retrouver !*

Puis j'ai mis mon mobile sur le mode avion et j'ai éteint la lumière. Mon cheval galopait tellement que j'ai viré le mode avion pour envoyer un message de SOS à Fulki : *Je crois que je suis amoureuse de Jésus.*

Réponse de Fulki : *Tu le lui as dit ?*

J'ai hésité à lui dire qu'on avait échangé un léger baiser sur le quai de la gare parce que Karen m'avait beaucoup parlé de la pudeur des jeunes indiens. Même dans les villes on avait rarement des relations sexuelles hors mariage. Quant au premier baiser... c'était tout un symbole... Alors j'ai juste précisé que j'avais l'impression qu'on partageait plus ou moins les mêmes sentiments... et que j'attendais qu'il fasse le premier pas, parce que je ne voulais pas gâcher notre amitié si pour lui je n'étais qu'une amie très chère.

Réponse de Fulki : *S'il se dit la même chose, vous n'arriverez jamais à rien !*

Ma réponse : *Alors je fais quoi ?*

Réponse de Fulki : *Souviens-toi, Nina. Tu m'as poussée à bousculer mon karma, à lui dire : tu n'es pas le seul à avoir le droit de décider de ma vie présente, moi aussi j'ai mon mot à dire. Et aujourd'hui je suis tellement heureuse ! Qu'est-ce que je peux te dire d'autre à part : à ton tour maintenant, Nina ! Prends ta vie en main. Vis ce que tu as à vivre. Ne laisse pas ta peur te guider. C'est à ton amour de te guider.*

À cet instant précis j'ai encore davantage pris la mesure de ce que Fulki avait réalisé. Elle avait été capable de s'opposer à son père et à la tradition, à une situation qu'elle refusait, de braver des interdits qu'elle estimait injustes, de prendre son destin de femme en main. Et moi j'étais incapable d'envoyer trois mots à Jésus !

Je me suis sentie tellement nulle. Je l'ai dit, parfois je me déteste, et là j'étais en train de me détester.

Nouveau message de Fulki : *Alors ? Tu lui as écrit ?*

Ma réponse : *Pas encore, je réfléchis.*

Réponse de Fulki : *Arrête de réfléchir, agis.*

J'ai mis encore trente minutes pour réussir à écrire une phrase et j'ai dû hésiter pendant encore trente minutes avant de me décider à l'envoyer et finalement je l'ai d'abord envoyée à Fulki : *toi aussi tu me manques mais je crois que c'est pas seulement comme ami.*

Réponse de Fulki : *Oui, parfait, envoie !*

J'ai encore dû mettre trente minutes pour l'envoyer, et quand enfin je l'ai fait, moins de deux secondes après j'ai reçu la réponse de Jésus : *Pareil pour moi.*

J'étais heureuse et, en même temps, incapable de répondre. Alors j'ai renvoyé un message à Fulki pour lui demander ce que je devais dire.

Réponse de Fulki : *Nina, sois simple, dis-lui juste que c'est génial que vous ayez les mêmes sentiments l'un pour l'autre.*

Je me suis exécutée et il m'a renvoyé aussitôt des dizaines de petits cœurs de toutes les couleurs.

Pas de doute, mes nouvelles vacances commençaient bien. Ma mère aurait dit : « auguraient le meilleur » !

Un grand merci au programme HORS LES MURS Stendhal en Inde pour la préparation de ce roman, à Sampat Pal, et au Gulabi Gang.

L'auteure

Hélène Couturier collabore en tant que journaliste pigiste à un grand nombre de publications. En 1996, son premier roman, *Fils de femme*, est publié aux éditions Rivages/Noir. Suivent *Sarah* chez le même éditeur puis *L'Homme à la peau foncée* chez Joëlle Losfeld. En 2011, elle signe *Tu l'aimais quand tu m'as fait ?* aux Presses de la Cité qui sera adapté par Jérôme Cornuau pour France 2. Entre temps elle a réalisé des documentaires pour la télévision (sur des sujets aussi différents que le rap français, les bisons d'Amérique du Nord ou la censure au Liban) et écrit des scénarios de films d'auteur, de séries policières ou familiales comme *Fais pas ci, Fais pas ça*. Quand elle n'écrit pas, elle adore arpenter les rues de sa ville d'adoption, Barcelone, où elle situe l'intrigue de son dernier roman adulte *Il était combien de fois* (aux éditions le Dilettante). Elle adore aussi jouer au tennis, méditer et s'étirer façon yoga... ce qui lui a donné l'idée de *Bye Bye Bollywood*.

De la même auteure

AUX ÉDITIONS SYROS

Trans Barcelona Express, hors-série, 2017
Grand mère Mambo, coll. « Souris noire », 1999

ROMANS JEUNESSE

C'est trop la classe, Thierry Magnier, coll. « Petite poche », 2009

ROMANS ADULTES

Il était combien de fois, Le Dilettante, 2017
Tu l'aimais quand tu m'as fait ?, Presses de la Cité, 2011
L'homme à la peau foncée, Joëlle Losfeld, 2004
Sarah, Rivages Noir, 1999
Fils de Femme, Rivages Noir, 1996

Suivez Nina dans son prochain voyage, direction l'Espagne !

Trans Barcelona Express

« Ce séjour en Espagne, je l'attendais plus que tout.

Là-bas, j'allais retrouver Jésus.

Mon Jésus, pas l'autre bien sûr ! Seulement, ça s'est un peu compliqué. Enfin pour moi, parce que pour ma mère, tout roulait, surtout avec son ex.

Heureusement, il me restait ma petite sœur.

OK elle n'a que 10 ans, mais en cas de déprime, c'est utile. Et puis j'ai embarqué par erreur le sac d'un inconnu contenant un carnet de dessins super bizarre. Qui aurait pu penser que cette histoire-là allait m'entraîner aussi loin ? »

Loi n° 49.956 du 16 juillet 1949
sur les publications destinées à la jeunesse,
modifiée par la loi n° 2011-525 du 17 mai 2011.

Mise en pages : DV Arts Graphiques à La Rochelle
N° d'éditeur : 10252622 – Dépôt légal : avril 2017
Achevé d'imprimer sur Roto-Page en février 2019
par l'Imprimerie Floch (53100, Mayenne)
N° d'impression : 93830
Imprimé en France

MIXTE
Papier issu de
sources responsables
FSC® C022030